Daniela Tausch-Flammer

Sterbenden nahe sein

HERDER spektrum

Band 4919

Das Buch

Welche Erfahrungen machen Menschen, die Sterbende begleiten? Was können wir tun, wenn eigentlich nichts mehr zu „tun" ist? Daniela Tausch-Flammer, eine erfahrene Psychologin, selbst lange Jahre in der Begleitung Sterbender an führender Stelle in der Hospiz-Bewegung tätig, erzählt von ganz konkreten Fällen. Sie hat auf Erfahrungen gehört, die Menschen gemacht haben, die mit dem Sterbenden konfrontiert waren, hat die Berichte gesammelt und behutsam kommentiert. Im Umgang mit Sterbenden sind wir sehr hilflos – trotz oder vielleicht auch gerade wegen der innigen Gefühle, die uns mit ihnen verbinden. Dieses Buch zeigt, was Sterbende brauchen, was uns tatsächlich hilft, gemeinsam den letzten Weg zu gehen und auf eine gute, menschliche, liebevolle und würdige Art Abschied zu nehmen – voneinander und von diesem Leben.
„Ein ‚Muß' für alle Hospizlerinnen und Hospizler", schreibt das Nachrichtenmagazin der Hospizbewegung über dieses Buch."

Die Autorin

Dr. Daniela Tausch-Flammer, Jahrgang 1961, Diplom-Psychologin, leitet seit acht Jahren den Hospiz-Dienst „Begleitung Sterbender und ihrer Angehörigen" in Stuttgart. Durch persönliche Erfahrung mit eigener schwerer Erkrankung sowie der Krebserkrankung und dem Sterben ihrer Mutter kam sie zu dieser Arbeit. Zahlreiche Bücher, Artikel, Vorträge, Rundfunk- und Fernsehsendungen machten sie auf diesem Gebiet bekannt. Bei Herder: *„Wenn Kinder nach dem Sterben fragen"* (zusammen mit Lis Bickel); *„Wenn ein Mensch gestorben ist – wie gehen wir mit dem Toten um?"* (zusammen mit Lis Bickel).

Daniela Tausch-Flammer

Sterbenden nahe sein

Was können wir noch tun?

Herder
Freiburg · Basel · Wien

4. Auflage

Gedruckt auf umweltfreundlichem,
chlorfrei gebleichtem Papier

Neuausgabe als Taschenbuch Verlag Herder 1996
Herstellung: Freiburger Graphische Betriebe 2000
Umschlaggestaltung und Konzeption:
R·M·E München / Roland Eschlbeck, Liana Tuchel
Umschlagmotiv: Edvard Munch, Mondschein. 1895

ISBN 3-451-04919-8

Inhalt

An den Leser

Sie zögern vielleicht noch, dieses Buch zu lesen – da ist vielleicht die Unsicherheit und die Frage in Ihnen: Wird es nicht zu belastend und schmerzlich für mich? Wird es mich nicht zu traurig machen?

Wenn ein von uns geliebter Mensch von einer lebensbedrohlichen Krankheit betroffen ist und wir wissen, daß er bald sterben wird, oder wenn wir erfahren, daß unsere eigene Lebenszeit nur noch sehr begrenzt ist, haben wir zunächst den Wunsch, zu fliehen, es nicht wahrhaben zu wollen. Wir versuchen, die Gedanken hieran zu verdrängen, so als ob wir dadurch das Geschehen verhindern könnten.

Ich habe jedoch für mich persönlich, aber auch in der Begleitung sterbender Menschen und ihrer Angehörigen immer wieder die Erfahrung gemacht, daß wir die Kraft bekommen, wenn wir uns an unsere Angst und unseren Schmerz schrittweise herantasten, etwa in Gesprächen oder im Lesen von Büchern. Indem wir uns den belastenden Gefühlen stellen, wird es uns möglich, die innere Dunkelheit und die Verzweiflung zu durchschreiten.

Es ist für mich immer wieder erstaunlich, wieviel Kraft wir in diesen schwierigen Situationen bekommen, wie wir handeln und dasein können, in einer Weise, die wir uns nie von uns selber hätten vorstellen können. Wir wachsen in diesen Zeiten gleichsam über uns selbst hinaus.

In diesem Buch beschreiben Menschen ihre Erfahrungen, die sie in der Begleitung Sterbender machten. Die Erfahrungsberichte sind zum größten Teil von den freiwilligen Helfern des Hospiz-Dienstes in Stuttgart. Der Hospiz-Dienst möchte Menschen in der Zeit des Sterbens und der Trauer begleiten (s. Anhang). Einige wenige Texte beschreiben das Sterben des eigenen Angehörigen.

Die Begleitungen sind sehr unterschiedlich, weil der Weg des Sterbens von jedem anders beschritten wird. Es gibt kein „richtiges" oder „falsches" Sterben. Es geht viel mehr darum, daß wir dem andern helfen, sein ganz eigenes Sterben zu leben. Gerade die Vielfältigkeit der Begleitungen können uns ermutigen, den Sterbenden nicht in Theorien einordnen und verändern zu wollen, sondern mit offenem Herz hinzuhören, welchen Weg er gehen will.

Mit den im Buch beschriebenen Begleitungen möchten wir nicht etwas darstellen oder zur Schau stellen, sondern es war uns wichtig, den verstorbenen Menschen, sein Leben und den gemeinsamen Lebensabschnitt nochmals zu würdigen. Für manche von uns war es beim Schreiben so, als ob der Verstorbene ganz nah sei, gleichsam eine nochmalige Begegnung mit ihm.

Mit diesen Gedanken möchte ich Sie ermutigen, sich auf die Begleitungen einzulassen, vielleicht können sie beim Lesen auch für Sie zu Begegnungen werden.

Sie werden selbst spüren, wieviel Sie auf einmal lesen möchten.

Vielleicht haben Sie auch schon nach dem Lesen einer Erfahrung das Bedürfnis, das Buch erstmal beiseite zu legen und das Gelesene in sich nachklingen zu lassen. Die kleinen Zeichen am Ende der Texte können Ihnen helfen, nach den einzelnen Begegnungen einen Moment inne zu halten und nachzuspüren, was die jeweiligen Menschen in Ihnen angesprochen haben.

Das Kapitel *Gedanken zur Begleitung* möchte Ihnen einige Impulse und Hinweise für die Begleitung geben.

In dem Abschnitt *Sterben und Leben* wird deutlich, wie die Begleitung eines sterbenden Menschen unser eigenes Leben prägt, uns neben all dem Schmerz auch zum Leben hinführen kann.

Ich will vom Tod nichts wissen

Es gibt Menschen, sterbende Menschen, die vom Tod nichts wissen wollen, sie kämpfen manchmal bis zum Schluß gegen die immer weiterschreitende Erkrankung an. Auch wenn sie um die Schwere ihrer Erkrankung wissen, hoffen und planen sie weit in die Zukunft hinein, so als wenn sie nicht krank wären.

Das kann für uns, als Helfer, zuweilen schwierig sein: Sollen wir dem Anderen die Hoffnung nehmen? Sollen wir mitplanen, auch wenn wir selber nicht an die Gesundung glauben? Welches Recht haben wir, die Hoffnung zu nehmen? Manchmal zweifeln wir an unseren Fähigkeiten, mit dem anderen zur sogenannten Wahrheit vorzustoßen, tiefgehende Gespräche zu führen und ihm dadurch zu helfen, die Realität anzuerkennen und sich mit seinem Sterben auseinanderzusetzen. Wir fühlen uns verunsichert, und es fällt uns schwer, dem Sterbenden in seinen Gedanken, die so anders sind als die unsrigen, zu folgen. Diese innere Entfernung schmerzt uns.

Es ist wichtig, dem anderen zunächst in seine Gedankenwelt zu folgen, ohne ihn verändern zu wollen, ohne ihn zur „Wahrheit" bringen zu wollen. Wenn er sich gehört und verstanden fühlt, kann ich, wenn ich denke, daß es hilfreich ist, meine Gedanken äußern, wie ich es erlebe, welche Gedanken und Hoffnungen ich habe. Ich kann ihn damit vielleicht zu einem weiteren Gespräch einladen, wenn er es will. Oder ich kann behutsam nachfragen, ob er wirklich an seine Hoffnungen glaubt oder ob da manchmal auch Zweifel sind. Bei diesen Angeboten ist es wichtig, daß wir respektieren, wenn er nicht auf das Gespräch eingeht.

Ich habe für mich folgendes Bild: Ich reiche dem anderen die Hand, indem ich ihm ein Zeichen gebe, daß ich bereit bin, über sein mögliches Sterben zu sprechen, aber er entscheidet, ob und wann er diese Hand ergreifen möchte, ob er sich auf das Gespräch einlassen möchte oder nicht. Wichtig ist für mich, dem anderen immer wieder ein Zeichen meiner Bereitschaft zu geben, ohne Erwartung und ohne Enttäuschung, wenn er dieses Angebot nicht annimmt.

Nicht immer muß das mögliche Sterben angesprochen werden. Oftmals gibt es auch ein gemeinsames Wissen, im guten miteinander Schweigen, wo die Wahrheit in der Stille gelebt wird. Manchmal wird das Wissen um den baldigen Tod in symbolischer Sprache angedeutet. Bilder werden uns zu Wegweisern in eine andere Dimension.

Vielleicht geht es hier oft weniger um das Sagen als darum, die Zeichen des Anderen sensibel wahrzunehmen, ohne in Vorstellungen gefangen zu sein und den Anderen in seinem So-Sein zu achten.

Er hoffte und plante

Die Begleitung, über die ich berichten möchte, verlief über anderthalb Jahre. Der Mann war vierundsechzig Jahre alt, krebskrank und galt als „austherapiert", das heißt, er konnte wegen einiger Komplikationen nicht mehr operiert werden.

Er hatte darauf bestanden, aus dem Krankenhaus entlassen zu werden, obgleich sich seine Frau, die durch ein schmerzhaftes Bandscheibenleiden behindert ist, sehr ängstigte und sich fragte, ob sie den Belastungen einer häuslichen Betreuung gewachsen sei.

Sie stand vor dem Problem, keinen Hausarzt in der Nachbarschaft zu haben, der ihren Mann hätte betreuen können. Aber sie fand einen Arzt, der diesen aus ärztlicher Sicht „hoffnungslosen Fall" übernahm und auch bereit war, Hausbesuche zu machen. Sie hatte außerdem ein Krankenbett und einen Nachtstuhl besorgt. Sie hatte die Zusage der Diakoniestation erwirkt, daß eine Schwester zur täglichen Pflege ins Haus kommen sollte, die auch Spritzen verabreichen würde.

Und schließlich wartete sie auf den Besuch einer Hospiz-

Begleiterin, die ihr zum allgemeinen seelischen Beistand angekündigt war.

Ich war bereit und entschlossen, mich ganz auf die Situation und das Lebensgefühl des Kranken einzulassen. So kam ich ins Haus und glaubte, völlig offen zu sein! Dennoch stellte ich sehr schnell fest, daß ich voreingenommen war. Ich glaubte natürlich zu wissen oder hatte bestimmte Vorstellungen, welches „Lebensgefühl" ein so schwerkranker Mann haben würde.

Ich war der Meinung:

- daß wir nun tiefgehende Gespräche führen würden,
- daß Ängste zu bewältigen wären,
- daß wir Vorstellungen über Sterben und Tod, vielleicht auch religiöse Fragen, besprechen würden.

Doch da mußte ich ganz schnell umdenken!

Ich begriff, – staunend zwar –, aber auch voller Bewunderung, daß ich hier einen Menschen vor mir hatte, der sich nicht mit der Bedrohung durch seine Krankheit auseinandersetzen wollte.

Er hoffte vielmehr aufs Gesundwerden. Er plante, möglichst bald wieder seine Rentnertätigkeit aufzunehmen. Er träumte davon, selber wieder Auto zu fahren, und er malte sich Reisen und kleinere Ausflüge aus.

So absurd diese Gedankengänge, gemessen an dem Befund, manchmal erschienen, so erlebte ich doch einen Menschen, der von Tag zu Tag aufblühte, weil er einfach subjektiv glücklich war.

Er war zu Hause!

Das bedeutete für ihn, daß man ihm seine alltäglichen Wünsche viel besser erfüllen konnte als im Krankenhaus. Zum Beispiel kochte ihm seine Frau alles, was er nur wünschte, und das war wichtig für ihn, denn er war ein großer Genießer. Auch auf seine Beschwernisse konnte man rund um die Uhr ganz individuell eingehen.

Wie paßte nun ich in sein Weltbild hinein, wie begegnete er mir? *Ohne jeden Vorbehalt!* Er schien zwar zu wissen, daß vom Hospiz Sterbende betreut werden, aber was ging das ihn an? Für ihn war ich eine Stütze für seine Frau und mithin ein Rädchen in dem Getriebe, das ihm insgesamt ermöglichte, zu Hause zu sein.

Da ich seinen Hoffnungen niemals düstere Gedanken entgegensetzte, mochte er mich einfach, und ich glaube, er freute sich auf meine Besuche. Jedenfalls strahlte er eine große Herzlichkeit aus, wenn ich kam.

Ich versuchte, dem Lebensmut des Kranken so viel Raum wie möglich zu geben, und wenn er uns in seinem Optimismus und in seinem unbändigen Lebenswillen manchmal drängte, ihm doch einen Spaziergang oder eine Ausfahrt zu ermöglichen, so ermutigte ich die Ehefrau dazu. Rückblickend freuen wir uns, daß wir ihm einige Erfolgserlebnisse schenken konnten.

Später, als er immer schlechter laufen konnte, kam ein Rollstuhl ins Haus, und ich erinnere mich, wie glücklich er war über ein paar Minuten im Garten, als er die Sonnenstrahlen und ein bißchen Wind in sich hineinnahm, als ob es Hoffnung auf den Frühling, Hoffnung auf Leben sei.

Zu Anfang meiner Begleitung kam ich fast täglich ins Haus. Doch bald hatte sich alles so eingespielt, daß ich auch etwas seltener kommen konnte, das heißt, ich kam nur noch zweimal in der Woche und blieb dann zwei bis drei Stunden.

Meistens war es so, daß der Kranke aufgestanden war, daß wir eine Weile zu dritt am Kaffeetisch saßen, bis er sich wieder auf die Couch legen mußte wegen seiner Schwäche, und daß wir uns über dies und das unterhielten. Wir haben auch viel miteinander gelacht.

Über einen so langen Zeitraum gibt es nicht nur Sternstunden und geistig-seelische Höhenflüge. So kommt viel Alltägliches ins Spiel. Aber vielleicht war es gerade das, was meiner Anwesenheit am Sterbebett eine solche Natürlichkeit und Selbstverständlichkeit gab. So hatte über behutsam entstehende ‚Vertrautheit' nach und nach wirkliches Vertrauen wachsen können.

Das Vertrauen, das sich zwischen mir, dem Kranken und der Ehefrau aufgebaut hat, war umso tragfähiger, als es in der langen Zeit seines Sterbens auch kleinere Krisen und Unsicherheiten nicht ausklammerte und damit die ganze Palette des menschlichen Miteinander umschloß.

Ich hatte z.B. ein Problem mit mir selber gehabt. Zeitweise schien es, als ob sich der Zustand des Mannes tatsächlich zum Guten wenden könnte. In uns keimte gegen alle Vernunft so etwas wie Hoffnung auf das viel beschworene Wunder. Das war eine Zeit, in der ich selbst begann, den Gedanken an den

Tod zu verdrängen. Ich empfand fast wie eine Angehörige und hatte Furcht, wenn mir das Sterben dieses Mannes in den Sinn kam!

In dieser Zeit brauchte ich dringend die Supervision. Durch sie und die Konfrontation mit der Realität des Sterbens bei einer anderen Nachtwache, zu der ich eingesetzt war, konnte ich mich von meiner eigenen Befangenheit wieder befreien.

Es ergab sich noch ein weiteres Problem in dieser Zeit. Der Patient wollte, auch als es begann ihm schlechter zu gehen, niemals ein „wirkliches Gespräch". Er hatte anscheinend, oder auch nur scheinbar, seelisch nichts so zu verarbeiten, daß er den Austausch darüber gesucht hätte. Und so sehr ich dies auch respektierte, so bekam ich doch Zweifel, ob meine Anwesenheit überhaupt sinnvoll und hilfreich war. Ich fürchtete, indem ich mich so völlig auf den Plauderton einließ, gar nichts beizutragen zur wirklichen Bewältigung seiner Probleme.

Doch ich habe von diesem Mann etwas gelernt und ganz tief begriffen, was mir sicher auch für mein weiteres Leben helfen wird, und zwar: Ob jemand Probleme hat oder nicht, dafür gibt es keine objektiven Kriterien. Es ist eine ganz persönliche Entscheidung!

Ich meine das so: Dieser Mann hatte viele Schwierigkeiten, und er hätte also auch nach menschlichem Ermessen viele Probleme haben müssen.

Doch er hatte sie nicht, jedenfalls nicht so, daß sie zu einer Aussprache drängten. Ich konnte das ganz schwer begreifen, und so versuchte ich immer wieder, ihn in ein Gespräch hineinzulocken. Doch er widerstand meinen „Verlockungen", er wich aus ... Das mußte ich einfach akzeptieren.

Doch dann, plötzlich, veränderte sich etwas: vom Patienten kamen Signale, die uns zeigten, daß er sich nunmehr innerlich ganz anders mit seinem Schicksal auseinandersetzte, als es äußerlich den Anschein hatte.

Er wendete sich gedanklich sehr stark seiner Vergangenheit zu. Er ließ zum Beispiel in der Weihnachtszeit, was in zweiundvierzig Jahren seiner Ehe nie geschehen war, die Spielzeugeisenbahn aus seinen Kindertagen aus dem Keller heraufholen.

Dann fragte er einmal, warum ihn seine Mutter nie besuche. Diese Frage stellte er, obgleich seine Mutter in Wirklichkeit schon vor vielen Jahren gestorben war.

Einmal hatte er auf sein Hochzeitsbild, das über seinem Bett hing, gedeutet und zu mir gesagt: „dies sind meine Eltern." Und schließlich, ein paar Tage vor seinem Tod, fragte er, ob sein schwarzer Anzug in Ordnung sei. Dies war für mich ein kaum noch verschlüsselter Hinweis, daß er sich sehr wohl mit seinem Ende beschäftigte, obgleich er den Tod auch jetzt nie wörtlich ansprach.

Ein ganz konkretes Zeichen für das Einverstandensein mit dem Ende schien mir die Tatsache, daß Tabletten, die er angeblich eingenommen hatte, unter seinem Bett lagen. Das war etwa drei Wochen vor seinem Tod. Ich empfand diese Verweigerung als eine Art heimlicher Weichenstellung, die er vornahm.

Für mich war dies ein erschütterndes Signal. Ich fragte mich: wie einsam muß ein Mensch sein, wie eingesperrt in seine eigene Sprachlosigkeit, wenn er keinen anderen Ausweg aus der ihn umgebenden Fürsorge und wohlmeinenden Liebe weiß, als diesen Weg der heimlichen Verweigerung.

Ich sprach darüber mit der Ehefrau, denn ich glaubte, daß dies der Zeitpunkt sei, an dem wir von mancher Illusion Abschied nehmen mußten, an dem wir alle mehr Ehrlichkeit brauchten. Das heißt nicht, daß wir von diesem Augenblick an grausame Wahrheiten deutlich ansprachen! Das wäre nicht richtig gewesen, da das Sprechen über das Ende von ihm immer noch nicht gewollt war.

Notwendig war, daß *wir* umdachten! Jetzt war gefordert, stillschweigend einzugehen auf die neuen Bedürfnisse des Kranken und sensibel zu werden für die Hilferufe hinter all der Sprachlosigkeit. Ich hatte den Eindruck, gerade dieses Verstandenwerden ohne sprechen zu müssen war für den Kranken sehr wohltuend. Es gab so einen „Raum der Stille" zwischen uns, in dem sich Verständigung über einen Blick, einen Druck der Hand vollzog oder überhaupt nur durch ein Hören nach innen...

Es war eine ganz wunderbare Erfahrung, auch für mich, daß so etwas möglich ist.

Die Ehefrau wuchs in dieser Zeit in ihrer mutigen Liebe über sich hinaus. Sie hörte auf zu sagen: „du mußt deine Tabletten nehmen ... du mußt essen ... du mußt dies oder das!"

Ich fragte sie: „Was muß ein Sterbender noch, wenn er sich vom Leben abgewendet hat?" Er muß nichts mehr, außer dem einen ... seinen Weg zu Ende gehen, sich lösen, die verbleibenden Kräfte darauf konzentrieren, die letzte Strecke zu bewältigen. Und wir? Wenn wir ihn wirklich lieben, so können wir ihm jetzt nur noch helfen, indem wir ihm die Ruhe lassen, die er braucht, um seinen Weg ungestört zu gehen, indem wir ihn nicht mehr mit aller Gewalt festhalten, indem wir ihm dennoch unsere mitfühlende Nähe schenken und ihm irgendwie zeigen, daß auch wir akzeptiert haben, was nun geschieht. Es ist sehr schwer für einen Nahestehenden, all das unwidersprochen mitzutragen. Ich habe selten einen Menschen so bewundert wie diese Frau.

Es war für sie immer wieder qualvoll, den Zweifel zu ertragen, ob es denn richtig sei, ihn nicht mehr ins Krankenhaus zu bringen, so wie sie es ihm versprochen hatte. Vielleicht hätte man dort durch lebensverlängernde Maßnahmen dem Tod noch ein paar Tage abringen können? So lag auf der einen Seite der Waagschale ihr Schuldgefühl bei einem möglichen Wortbruch, und auf der anderen die Verantwortung für ein paar Tage mehr oder weniger Leben.

Ich fand die Gelegenheit, den Sterbenden in einem klaren Augenblick zu bitten, seiner Frau zu helfen, indem er ihr, und sei es auch nur durch ein Kopfnicken, zu verstehen gab, daß auch er sich seiner Lage voll bewußt war und damit diese Entscheidung nicht ihr allein überlassen war.

Beide wußten nun, worum es ging. Es ist sicherlich auch für die Witwe heute gut zu wissen, daß sie sich in diesem Punkt ganz im Einvernehmen mit ihrem Mann befand.

In der Beziehung der beiden Eheleute hatte dieses wundervolle Einvernehmen eine Veränderung bedeutet. Sie trugen nunmehr ohne Täuschung das Unvermeidbare gemeinsam. In dieser Zeit waren sie sehr zärtlich und sanft zueinander. Sie hatten auch Momente der Zwiesprache. Sie haben sich gegenseitig für vieles danken und auch um Verzeihung bitten können. Es war auch eine Zeit, in der sie viel miteinander gebetet haben.

Er war voller Vertrauen. Er schlief beruhigt ein, wenn er eine Hand halten konnte. Seine Frau richtete ihr Tun auf eine fast mütterliche Art auf die Linderung seiner Leiden, seiner Schmerzen. Und wenn die Leiden auch schlimm waren, so gab es doch auch immer wieder Kleinigkeiten, die Glücksgefühle auslösten und ein Lächeln auf das schon so vom Tode gezeichnete Gesicht zauberten. Es stimmt einfach nicht, daß dieser Lebensabschnitt keinen Raum mehr für Freude bietet.

Die Ehefrau brauchte in den letzten Tagen kaum noch Schlaf. Sie war fast rund um die Uhr anwesend und sagte immer wieder: „Schlafen kann ich noch lang!" Ich selbst war für sie, neben meinen nun fast täglichen Besuchen auch jederzeit telefonisch da, so daß eine enge Verbundenheit entstand, die auch jetzt noch, in der Zeit der Trauer, besteht.

Am Morgen des Todestages kam es noch zu einer schwierigen Situation.

Der behandelnde Arzt, der auch längst schon zu einer wichtigen Bezugsperson geworden war, mußte selber ins Krankenhaus eingeliefert werden. Die verzweifelte Suche nach einer Vertretung führte schließlich zum Ziel. Doch die Stunden vorher, die Stunden der Ungewißheit und der heftigen Unruhe ihres sterbenden Mannes, der eine schmerzlindernde Injektion gebraucht hätte, hier war die Frau allein. Auch ich war nicht da.

Ich nahm das ziemlich schwer. Doch vielleicht liegt ein wenig Trost darin, daß ich glauben kann: Auch das ist ein Stückchen Schicksal, ihres wie meines!

Sie rief mich an unmittelbar, nachdem der Tod eingetreten war, und ich ging sofort zu ihnen. Wir verbrachten die Stunden bis zur Abholung am Totenbett, wir erlebten den innigen Abschied von ihrem toten Mann und die schweren Augenblicke, als er endgültig weggetragen wurde.

Martina

Die Mutter von Martina ruft uns an. Ihre Tochter ist aus der Klinik entlassen worden und sucht nun einen Gesprächspartner. In der Klinik habe Martina guten Kontakt zu einer Psychologin gehabt, die ihr viel geholfen habe.

Der Arzt hatte gesagt, es gehe nicht mehr lange. Die Familie weiß um die Aussichtslosigkeit. *Martina hat Hoffnung, daß alles wieder gut werden wird!* In Martinas Familie herrscht ein sehr liebevolles Klima. Der Vater trägt ganz besonders schwer an der Erkrankung der Tochter. Sehr viel der täglichen Last trägt Martinas Mutter.

Martina ist achtzehn Jahre alt. Martina weiß um die Schwere ihrer Erkrankung. Sie nimmt auch wahr, daß sich ihr Zustand schnell verschlechtert. Sie lehnt aber alle Beschäftigung, alle Gedanken an einen baldigen Tod ab. Sie klammert sich verzweifelt an verschiedene alternative Heilmethoden. Martina macht ihrer Mutter Vorwürfe, daß sie nicht genug für ihre Genesung tue. „Wenn nur meine Familie konsequent mitziehen würde, dann brächten die ganzen Heilmittel auch etwas".

Ihre Mutter sagt mir, daß sie in ihrer Haltung, das Unvermeidliche anzunehmen, schon einmal viel weiter gewesen sei. Von mir hat sich Martina Gespräche erhofft. Gespräche, die ihr aus den immer wieder drohenden Depressionen helfen würden. Martina berichtet von sich, daß sie ein wenig bequem sei und immer wieder Anstöße zu ihren Muskelübungen brauche. Sie möchte unterstützt werden in ihrem Ziel, in den Rollstuhl zu kommen. Bis vor vierzehn Tagen konnte sie noch einige Schritte gehen... Jetzt kann sie sich nicht einmal mehr im Bett aufsetzen. Martina möchte vom Rollstuhl aus an ihrem Webrahmen arbeiten. Die Psychologin im Krankenhaus habe ihr so viel Auftrieb und Lebensmut gegeben.

Martina stirbt einige wenige Wochen später.

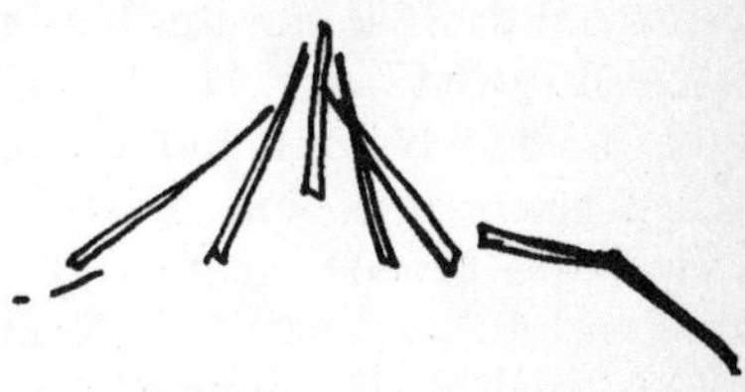

Wir konnten nie darüber sprechen

Im sonnigen Zimmer liegt schwer atmend die Sterbende. Sie ist wach, ihr Blick klar und aufmerksam. In einem danebenliegenden Raum spricht der Mann über das Sterben seiner Frau. „Das reicht doch in Tiefen, die wir selber nicht kennen. Dieses Sterben geht niemanden etwas an!" Ich spüre, wie recht er hat. Fast schäme ich mich meines Hierseins, auch wenn ich weiß, daß sie es waren, die mich gerufen hatten. Ich möchte gehen. Er begleitet mich zur Tür. Sein Verabschieden hat etwas Endgültiges.

Auf der Straße. – Ich fühle mich leer, aber auch erleichtert. Das war ès also. „Ihr Sterben geht niemanden etwas an." Ich werde also nicht mehr dorthin gehen.

Schon während ich meine Haustür aufschließe, höre ich das Telefon läuten.

Er ist es. „Entschuldigen Sie. Sie werden doch wiederkommen?" Ich kann mein Staunen nicht verbergen. Ich zögere mit der Antwort. „Meine Frau, es ist meine Frau. – Sie werden doch wiederkommen? – Meine Frau bittet Sie darum." „Ja", sage ich, – „ich werde wiederkommen."

Der nächste Besuch – ich bin unsicher. Es scheinen doppelt so viele Stufen zu sein, die ich hinaufsteigen muß. Meine Hände sind kalt. Ich drücke den Klingelknopf. Was wird heute sein?

Sein Gesicht ist blaß und seine Stimme kaum hörbar. „Es – ich glaube, es – es geht zu Ende. Sie spricht nicht mehr. Kein Wort. Stumm. Nur ihr Blick. Nicht auszuhalten."

Ich gehe hinüber. Die Kranke liegt abgewandt. Erst als wir alleine sind, wendet sie Kopf und Blick langsam mir zu. Diese Trauer im Ausdruck!

„Sie sind einsam", sage ich, eigentlich mehr zu mir selbst, denn man hatte mir ja gesagt, daß sie nicht mehr sprechen könne.

„Wer sagt das?" kommt es heftig von ihr.

Wir schweigen lange. Dann beginnt sie: „Das ist das Ende. Schluß und aus. Nein, kein Durchgang. Ich habe ohne Kindermärchen gelebt und ohne diesen Unsinn sterbe ich auch. Es war ein gutes Leben. Für mich. Für ihn auch. Es war in Ordnung. Erst die Krankheit! Die Krankheit ist Verrat am Leben. Nichts ist mehr in Ordnung. Es ist aus. Alles Schluß. Ende."

Lange spricht sie so, mehr zu sich selbst als zu mir. Dann schließt sie die Augen und preßt die Lippen fest aufeinander. Da gibt es nichts mehr zu reden.- Nach einer Weile gehe ich leise zur Tür. Da sagt sie klar und laut: „Da ist – die Sorge um ihn. Die Sorge um ihn – wenn er am Leben bleibt."

Er hat auf dem Flur gewartet. Er hilft mir in den Mantel.

„Sie hat wirklich gesprochen? Weiß sie denn, daß sie stirbt? Wir konnten nie darüber sprechen."

„Ja“, sage ich, „und sie sorgt sich um Sie.“ Da beginnt er heftig zu schluchzen.

„Entschuldigen Sie“, stammelt er, „ja was wird nur, wenn sie tot ist?“

„Morgen nachmittag komme ich wieder“, verabschiede ich mich und laufe die endlosen Stufen hinunter.

Es ist ein windiger Tag. Ich läute. Ich muß zweimal läuten, ehe geöffnet wird. Er macht nur ein stummes Zeichen zum Schlafzimmer hinüber. Im Mantel gehe ich hinein und erkenne das Gesicht der Toten kaum wieder.

Wo gestern Widerstand und Qual war, ist jetzt etwas wie leuchtende Heiterkeit. Die freudige Überraschung eines Kindes scheint sich in dem stillen Gesicht zu spiegeln.

„Schön ist sie“, sage ich leise.

„Schön geworden“, flüstert er, „aber es war hart. Ein harter Kampf. Ein schwerer Tod.“

Zwischen Hoffnung und Resignation

Der Weg des Sterbens ist oftmals ein sehr langer, mühsamer Weg mit vielen Höhen und Tiefen, die durchschritten werden müssen.

So durchlebt der sterbende Mensch Zeiten, in denen er plant und hofft, neugierig auf das Leben ist, noch so vieles erfahren und lernen will –, ja gegen die Erkrankung und das Sterben ankämpft. Manchmal drückt sich dieser Kampf, die Auflehnung gegen den Tod, gegen die Ungerechtigkeit des Schicksals in Wut und Ablehnung gegen die Begleiter oder andere Personen aus.

Dann gibt es Zeiten, in denen eine große innere Ruhe und Frieden eintritt – ein vertrauensvolles Loslassen in das Geschehen, sich übergeben, sich überantworten – manchmal mit der Erleichterung, nun nichts mehr leisten zu müssen, sondern einfach nur so sein zu dürfen, wie man ist.

Manchmal schwingt in diesem Sein eine stille Wehmut mit, nicht mehr leben zu dürfen, ein Abschiednehmen vom Leben mit einem stillen Einverständnis, gehen zu müssen.

Und dann gibt es auch Zeiten, in denen der Weg zu lang, zu mühsam erscheint und der Wunsch, doch endlich sterben zu dürfen, stark ist. Viele sind mürbe von den vielen, manchmal nicht endenwollenden Behandlungen, noch müder von der Unsicherheit, wie es weitergeht und der bangen Frage, was denn noch alles auf sie zukommen wird. Sie fühlen sich resigniert bei dem Gedanken, immer weniger zu können, immer schwächer zu werden, immer mehr auf die Hilfe anderer angewiesen zu sein, müde, ihr eigenes Sterben so miterleben zu müssen. Manchmal wünschen sie sich, den gefürchteten Moment des Todes schon hinter sich zu haben.

Diese so unterschiedlichen, ja oftmals gegensätzlichen Ge-

fühle können zeitlich sehr nah beieinander sein – so kann in ein und demselben Satz von Hoffnungen und Zukunftsplänen gesprochen werden und dann wieder im nächsten Moment von dem Wunsch zu sterben.

Zu diesen seelischen Schwankungen kommen oft noch große körperliche Schwankungen hinzu. Der Sterbende erfährt, daß er sich nicht mehr auf seinen Körper verlassen kann – er kann auch keine kurzfristigen Pläne mehr machen, da sich sein Befinden sehr schnell verändert. Und oftmals fällt es uns schwer, nicht mehr planen zu können, ohne Perspektiven zu sein, zu lernen anzunehmen, „daß es dann doch ganz anders kommt." Diese körperlichen Schwankungen gibt es auch noch in den letzten Lebenstagen.

Die wechselnden Schwankungen stellen für uns als Begleiter eine große Herausforderung dar. Wir können den Anderen nicht mehr fest einordnen, müssen alle unsere Erwartungen und Vorstellungen loslassen. Wir müssen uns immer wieder neu auf ihn einlassen. Wichtig ist auch, daß wir die unterschiedlichen Gefühle des sterbenden Menschen nicht bewerten, wie z.B. „er ist noch in der Auflehnung", sondern den anderen mit all seinen unterschiedlichen Gefühlen annehmen, ohne ihn „weiter" oder anders haben zu wollen.

Es ist für uns auch sehr schwierig, wenn der sterbende Mensch sich einmal Nähe wünscht, unsere Zuwendung braucht und dann ein anderesmal uns wegstößt, vielleicht aus einer Auflehnung gegen sein Schicksal, gegen die „Ungerechtigkeit der Welt". In solchen Momenten braucht es viel Kraft und persönliche Stärke, daß wir unser Herz aus der Verletzung heraus nicht verschließen, die Ablehnung nicht persönlich nehmen, sondern versuchen, den anderen in seinem Erleben zu verstehen und so wieder unser Herz für ihn öffnen können.

Und auch wir als Begleiter erleben sehr unterschiedliche Gefühle – auch wir schwanken zwischen Hoffnung, Planen, Zuversicht einerseits und andererseits Resignation, Verzweiflung, Einsamkeit.

Oftmals, besonders als pflegender Angehöriger, kommen wir auch an unsere eigenen Grenzen, fragen uns, wie lange denn noch unsere Kräfte reichen werden und wünschen uns aus dieser Erschöpfung heraus, daß der andere bald sterben möge – aber gleichzeitig sind wir erschrocken über diesen Ge-

danken, und uns belasten deswegen Schuldgefühle. Wichtig ist, daß wir auch uns selbst in diesen unterschiedlichen Gefühlen verstehen und uns nicht verurteilen.

Auch wenn der Andere gestorben ist, erleben wir ganz unterschiedliche Gefühle: Einerseits sind wir erleichtert, daß er den Weg geschafft hat, vielleicht von Schmerzen erlöst ist – dann ist da tiefster Schmerz in uns, abgrundtiefe Verzweiflung, wie wir denn ohne ihn leben können, und oftmals sind wir auch ganz erschöpft von der Zeit der Begleitung – manchmal belasten uns Schuldgefühle …

In kaum einer anderen Zeit unseres Lebens erleben wir so unterschiedliche, manchmal widersprüchliche Gefühle in uns, wie in der Zeit des Begleitens und des Abschiednehmens. Wir werden herausgefordert, uns selbst und den anderen so anzunehmen wie wir sind, mit all unseren Gefühlen, Stimmungen, Problemen und Schwankungen.

Stefan und Peter: Die Begleitung von zwei an AIDS erkrankten Menschen

Fast habe ich eine Scheu, über die Begleitung von Stefan und Peter zu schreiben. Sie gehört zu meinen intensivsten menschlichen Begegnungen.

Es war ein kalter Wintertag, als ich den ersten Besuch machte. Zwei Männer, *Stefan*, schon von der Krankheit gezeichnet, und *Peter*, der noch ein paar Tage in der Woche arbeitete, erzählten mir von ihrer Krankheit und ihrer schwierigen Lebenssituation. Beide waren sehr offen und mir sympathisch. Beide hatten schon viel Erfolg in ihrem Beruf, und nun traf sie die Krankheit, die ihr Leben langsam zerstörte. Seit Jahren wußten sie, daß sie HIV positiv waren. Ihr Todesurteil, das sich zunächst innerlich vollzog.

Stefan

Beim nächsten Besuch lernte ich Stefans Mutter kennen. Sie pflegte ihn mit Hilfe der Schwester und wenigen Freunden ganz ohne fremde Hilfe. Ihr ganzes Leben war verändert, denn sie lebte bei ihrem Sohn und versorgte ihn sehr liebevoll. Was geht in einer Mutter vor, deren Sohn an AIDS erkrankt ist? Sie sprach mit fast niemandem darüber, nur die engste Familie wußte davon.

Ich kam immer an einem bestimmten Nachmittag. So konnte seine Mutter nach Hause fahren und war für einige Stunden entlastet.

Stefan sprach offen über alles, was ihn belastete. Berufliche Dinge mußten geklärt werden. Was er vor wenigen Jahren mit Freude und Können aufgebaut hatte, mußte er nun anderen Menschen übergeben. Er war sehr verzweifelt, und er zeigte es. Er litt sehr unter seiner begrenzten Lebenszeit, er wollte so dringend noch so Vieles lernen und erfahren.

Während meiner Besuche stellten wir gemeinsame Interessen fest, z.B. Japan und den Zen-Buddhismus. Wir hatten einen intensiven Austausch. Nie habe ich einen Menschen mit solch einer Liebe zu Pflanzen und Tieren erlebt.

Wenn wir in ein Gespräch vertieft waren und Peter dazu kam, meinte er immer, uns zu stören und wollte sich zurückziehen. Durch die Krankheit traten verstärkt fremde Menschen und auch die Familie in ihr gemeinsames Leben und somit auch zwischen sie. Stefan spürte eine aufkeimende Eifersucht bei Peter und bat mich, mich auch ihm zuzuwenden. Peter lehnte jedoch anfänglich jede Hilfe ab, denn er meinte, daß er das nicht brauche.

Peter

Beim nächsten Besuch kam Peter vom Arzt. Er hatte einen schlimmen Ausschlag. Ich rieb ihm den Rücken und die Arme mit einer Salbe ein. Der Mund war von einem Pilz befallen. Er litt und fühlte sich elend. Dennoch sagte er: „Ich werde nicht an AIDS sterben.“ Noch immer hatte er Hoffnung, daß diese Krankheit einzudämmen wäre.

An jenem Tag saßen wir lange zusammen. Stefan wußte, daß er an AIDS sterben würde, aber so lange er lebe, wolle er bewußt und in Frieden leben. Peter ärgerte sich über diese Aussage, weil ihm Stefan zu abgeklärt schien. Er war überzeugt, daß sie noch nicht aufgeben dürften.

Dieses Auf und Ab von Annahme und Aufbäumen erlebte

ich sehr lange bei beiden. Der Wunsch nach Leben war da, und immer wieder kam die Resignation. Kein Richtig oder Falsch, es waren ehrliche Äußerungen von einem Prozeß, in dem sie schmerzlich standen.

Das nächste Mal wartete Peter auf mich beim Gartentor, um mit mir allein zu sprechen. Es waren in letzter Zeit Schwierigkeiten im Zusammenleben mit dem Freund und der Familie aufgetreten. Der fortschreitende körperliche Abbau und oft die Angst vor dem nächsten Tag, dem nächsten Ausbruch der Krankheit, waren enorme Belastungen für sie und die Familien. Peter sagte damals, daß er bei seinem Freund bleiben wolle, bis er sterben würde.

Ein paar Wochen später mußte Peter wegen auftretener Sprach- und Sehstörungen mit seiner Arbeit aufhören. AIDS war nicht aufzuhalten, obwohl er so viel Hoffnung hatte.

Bei einem Besuch sprach Peter zum ersten Mal über seine Religiosität und den Wunsch, an Ostern zur Kommunion zu gehen. Er wußte, daß die katholische Kirche offiziell Homosexuellen in einem festen Verhältnis die Teilnahme verwehrte. Wie ich ihn so vor mir sah, empfand ich ein tiefes Mitgefühl für seine Sehnsucht und die Kirche in ihrem Verhalten diskriminierend. Ich versprach ihm, mit einem mir bekannten Priester zu sprechen. Er solle zur Kommunion gehen, war seine Antwort. Als ich ihm das sagte, umarmte er mich spontan vor Freude. Das war „Ostern" für mich.

Stefan bekam eine Augeninfektion. Seine Schwester brachte ihn ins Krankenhaus. Ein Virus wurde festgestellt. Dieses Virus kann zur Erblindung führen. Er und seine ganze Familie waren bedrückt und wie gelähmt. Stefan, der die Welt am meisten mit den Augen aufnahm, konnte sich ein Leben ohne Sehen zu können nicht vorstellen. „Heute ist mein Karfreitag", sagte er mir bei meinem Besuch. „Entweder werde ich blind oder bald an etwas anderem sterben." So nah schien der Tod noch nie. Er spürte, wie traurig auch ich war und sagte: „Du darfst nicht mit uns sterben, du mußt leben". Er bedankte sich bei mir. Einen Sommer wolle er noch leben, ganz bewußt, und vor allem nicht erblinden.

In einem Buch zeigte er mir ein wunderschönes japanisches Haus in einem herrlichen Garten. Er sagte mir, daß er sich auch so ein schönes Haus wünschen würde inmitten eines Gartens auf einem Berg. Eine Quelle sollte darinnen sein; Natur und Stille, Sehnsucht nach Ruhe, nach Frieden, nach dem Ursprung. Es war ein Zeichen für mich, daß er sich den Tod wünschte. Ich verstand ihn in diesem Moment so gut.

Peter war bei seinen Eltern zu Hause. Er rief mich an und sagte, daß er Salmonellen bekommen hätte. Wenige Tage später besuchte ich ihn das erste Mal bei seinen Eltern. Er freute sich, als ich kam. Wir gingen zusammen spazieren. Beim Anziehen mußte ihm der Vater helfen. Peter erzählte mir von seinem Leben im Elternhaus und von dem, was er noch gerne geregelt hätte und was ihn noch belasten würde. Er wollte alles in Ordnung bringen. Als ich ihn fragte, ob er traurig wäre, sagte er nein. Ob er Angst hätte? Auch das verneinte er. Auf die Frage, ob er einen besonderen Wunsch hätte, überlegte er kurz und sagte: „Ja, einmal würde ich gerne noch Jessey Norman in einem Konzert singen hören". Ich versprach ihm, wenn irgend möglich, mit ihm zusammen ein Konzert von ihr zu besuchen.

Beim gemeinsamen Kaffeetrinken mit den Eltern sprachen sie von ihren Sorgen und Ängsten, was alles auf ihren Sohn und sie zukommen wird. Auch von ihrem Schmerz, ihn leiden zu sehen und ihn verlieren zu müssen. Der Arzt im Ort, obwohl im Nachbarhaus praktizierend, hatte die Behandlung verweigert. Angst vor AIDS. Die anderen „normalen" Patienten könnten wegbleiben, wenn es sich herumsprechen würde. Was müssen wir noch alles lernen! – Peter sagte mir, daß er sich manchmal wie ein Aussätziger fühlen würde.

Beim Abschied umarmten wir uns. Ich fuhr betroffen und weinend nach Hause.

Stefan wollte so gerne noch ein paar Tage irgendwo Ferien machen, und wir alle versuchten, einen Ort zu finden. Es war aussichtslos. Für Aids-Kranke gab es keine Orte, und wir fühlten die Ausgrenzung schmerzlich. Nach langem Suchen konnte doch noch ein Ort gefunden werden, wo er zwei Wochen verbringen konnte. Mit meinem Mann besuchte ich ihn dort. Kein Auflehnen mehr, nur noch ein Weinen über sein Leben, das er unvollendet, ein Stück weit ungelebt, beenden würde mit einer großen Sehnsucht in sich. Er war während dieser

Zeit noch schwächer geworden und wollte nach Hause, nach Hause, um dort sterben zu können.

Die Schwester von Peter rief mich an. Peter war nicht mehr in der Lage zu gehen. Er war inkontinent geworden und auch verwirrt. Er mußte in das Krankenhaus eingeliefert werden.

Inzwischen hatte ich eine Konzertkarte für Jessy Norman bekommen. Mit einer Blume und der Karte ging ich ins Krankenhaus. Peter konnte nicht mehr sprechen und sich nicht mehr bewegen. Er lächelte ein wenig, als ich ihn begrüßte. Seine Eltern waren auch da. Es galt, diese Situation, die nur als Schmerz empfunden wurde, auszuhalten. Als wir Peter fragten, ob wir beten sollten, nickte er. An diesem Tag besuchte ihn auch der Pfarrer meiner Gemeinde, um mit ihm und seinen Eltern Kommunion zu feiern. Trost und Kraft ging für sie von diesem Sakrament aus.

Peter wollte nicht an AIDS sterben, und nun ging es ihm schlechter als seinem Freund. Beide waren Sterbende.

Stefan rief mich an, ob ich bei ihm eine Nacht bleiben könnte. Ich wollte ihm eine Freude machen und brachte ihm ein japanisches Essen mit. Er freute sich sehr darüber. Das Essen war mein Abschied für ihn, und es wurde fast zu einem kleinen Fest. Gegen Mitternacht legte ich mich in das Nebenzimmer. Die Tür war offen und Stefan rief immer wieder nach mir. Er wollte dann etwas zu trinken, wollte umgelagert werden oder verlangte nach der Urinflasche. Aus eigener Kraft konnte er das nicht mehr.

Der Zustand von Peter wechselte sehr. Fast täglich besuchte ich ihn im Krankenhaus. Oft saß ich ganz still bei ihm und hielt ihm seine Hand. An guten Tagen las ich ihm etwas vor oder wir hörten zusammen Musik.

Während Peter im Krankenhaus lag, bekam Stefan in der benachbarten Blutzentrale eine Transfusion. Die Freunde hatten sich lange nicht mehr gesehen, und ich fand es sehr wichtig, daß sie voneinander Abschied nehmen konnten. Mit der Hilfe eines Pflegers fuhr ich Stefan an das Bett seines Freundes. Danach verließ ich für ein paar Minuten das Zimmer, um sie alleine zu lassen. Mir war bewußt, daß es ihre letzte Begegnung sein würde.

Ich war froh, daß ich auf dem Flur keinen Menschen begegnete. Ich setzte mich auf einen Stuhl und empfand die ganze Tragik und Trauer dieser Situation.

Am nächsten Tag fuhr ich wieder zu Stefan, um noch einmal eine Nacht bei ihm zu bleiben. Es war ein harmonischer Nachmittag und Abend. Einmal jedoch, als jemand kam, wurde er sehr ärgerlich. Von keinem Menschen wolle er sich mehr Zeit stehlen lassen. Bis Mitternacht waren wir wieder wach. Er sprach über sein Sterben. Er bedankte sich bei mir, weil ich immer zu ihm gekommen sei und meinte, daß er ohne den Austausch nicht so lange gelebt hätte. Seine Mutter und seine Schwester taten alles, um ihm Erleichterung zu verschaffen und ihm Freude zu machen. Seine geistige Kraft und sein Lebenswille waren in den letzten Wochen sehr viel stärker gewesen als seine körperliche Kraft. Doch nun waren beide erschöpft.

In dieser Nacht sagte er mir, daß er ein glücklicher Mensch und erfüllt mit Liebe sei.

Am Nachmittag besuchte ich Peter im Krankenhaus. Von Stefan brachte ich einen Blumenstrauß mit. Oft sagte er einfach den Namen seines Freundes, und ich erzählte dann von ihm. So war ich der Bote zwischen ihnen.

Zwei Tage später rief die Schwester von Stefan an; Stefan war in der Nacht gegen vier Uhr morgens gestorben. Er war still eingeschlafen.

Ich nahm eine Karte und schrieb ein Gedicht darauf, das für mein Empfinden ganz zu Stefan paßte. Es stammt aus Japan.

„Im Meer des Lebens,
Meer des Sterbens,
in beiden müde geworden,
sucht meine Seele den Berg,
an dem alle Flut verebbt."

Mit einer Blume fuhr ich zu Stefan und seiner Familie, um Abschied zu nehmen. Was sich so lange vorbereitete, war nun Realität. Der Tod, trotz Glauben und Hoffnung, ein Schmerz.

Nie sah ich bei einem Toten diesen Ausdruck. Stefan mußte gestorben sein in einem Zustand der Freude, des Glücks. Seine

Augen waren weit geöffnet, als hätte er etwas schönes geschaut. Ein Lächeln war auf seinem Gesicht. Es war erstaunlich, wie viel Frieden und Trost von ihm ausging.

Seine Mutter, die Familie und Freunde waren da. Es wurde geweint und von Stefan erzählt, von seinem Leben und seinem langen Sterben. Bevor ich mich verabschiedete, versprach ich, am Abend Peter die Nachricht vom Tod seines Freundes zu überbringen.

Am Abend ging ich in das Krankenhaus zu Peter. Ich brachte ihm ein paar Kamelienblüten und eine Kerze von Stefan mit. Ich versuchte, behutsam zu sein. Als die Nachricht vom Tode des Freundes ihn dann erreichte, war sein ganzes Gesicht ein stummer Schrei – er weinte.

Ich erzählte ihm, wie Stefan starb, daß er zum Schluß glücklich war und keine Angst hatte.

Zusammen nahmen wir Abschied. Später las ich Gebete und Psalmen vor, und Peter wurde ganz ruhig.

Fast täglich besuchte ich Peter im Krankenhaus. Er fing an, kleine Sätze zu sprechen. Er äußerte den Wunsch, nach Hause gehen zu dürfen. Immer, wenn ein Hubschrauber vor dem Fenster des Krankenhauses auf der Wiese landete, sagte er: „Ich möchte auch gerne mitfliegen". – Vielleicht diesem Körper entfliehen, der für dieses Leben unbrauchbar geworden war, verletzt durch die Krankheit.

Peter durfte nach Hause. Ein Krankenbett mußte gebracht, werden und die Schwestern der Sozialstation kamen zwei Mal täglich. Die Eltern wohnten bei ihm. Es war eine große Belastung für sie, trotzdem hielten sie zu ihrem Sohn, wie auch die Mutter von Stefan. Es schien wie ein Wunder, daß er noch einmal zu Hause sein konnte. Er war glücklich.

Am nächsten Tag ging es ihm sehr schlecht. Am Abend fuhr ich mit unserem Pfarrer zu Peter. Mit den Eltern zusammen feierten wir Kommunion. Alles war so selbstverständlich. Er versuchte, das Kreuzeszeichen zu machen, obwohl sein Arm es kaum zuließ. Es wurde eine Form gelebt und vollzogen, die in der Familie immer so gelebt wurde.

Eine Woche lebte Peter noch zu Hause, in seiner Wohnung. Während dieser Zeit besuchte ich ihn und seine Eltern täglich, und wir wurden in langen Gesprächen vertraut miteinander.

Zwei Nächte blieb ich bei Peter alleine, damit seine Eltern nach Hause fahren konnten.

In der ersten Nacht war Peter ganz lange wach, und ich las ihm vor. Nach einem Gedicht von Novalis sagte er: „Schön". Es war das letzte Mal, daß ich ihn ein Wort aussprechen hörte. Wir erlebten zusammen den Übergang von der Nacht zum Tag. Diese Zeit hat eine ganz besondere Qualität. Es war etwas spürbar von einer zukünftigen Welt, die dieses Leiden – so hoffe ich – nicht mehr kennt.

In der zweiten Nacht, in der ich bei ihm war, empfand ich anfangs fast etwas Heiteres in seinem Wesen – Freude. Während ich ruhig bei ihm saß, beschleunigte sich sein Puls, sein Atem veränderte sich, und er bekam Fieber. Der Ausdruck seiner Augen veränderte sich langsam, es war, als ob sich ein Schleier darüberlegen würde. Er war in das letzte Stadium seines Lebens, seines Sterbens, eingetreten.

Gegen Morgen öffnete er noch einmal die Augen, aber in ihnen lag der Ausdruck einer Wahrnehmung von etwas, das ich nicht sehen konnte.

Als die Eltern gegen Mittag zurückkamen, schlief Peter fast nur noch. Beim Abschied wußte ich, daß ich Peter nicht mehr sehen würde. Ich fuhr nach Hause und weinte. Vor drei Wochen war Stefan gestorben und nun Peter. Es wurde mir bewußt, wie nah sie mir geworden waren.

Ich zündete zu Hause eine Kerze an – für Stefan und Peter.

Es gab keine Antwort in meinem Kopf auf dieses Leiden, nur in meinem Herzen fühlte ich etwas davon, daß einmal alle Tränen getrocknet sein würden und es einmal eine Antwort auf dieses Leben hier geben muß.

Um sieben Uhr morgens klingelte das Telefon. Der Vater von Peter. In dieser Nacht um null Uhr dreißig war Peter gestorben. Es war ein ruhiges Ausatmen. Seine Mutter war bei ihm gewesen.

Peter starb auf den Tag genau drei Wochen später als Stefan. Ich versprach, zu ihnen zu kommen. Trauer und Erlösung war bei den Eltern zu spüren. Peter lag in seinem Bett mit einem friedlichen Ausdruck, befreit von der Qual der letzten Wochen, obwohl wir gerade in den letzten Wochen auch viel erlebt hatten, was schön gewesen war.

Wir setzten uns an das Bett, und der Vater las vor. Jedes

Wort bekam in dieser Situation seine ganz eigene Bedeutung. Ich konnte den Eltern noch manches von meinen Begegnungen von Peter erzählen. Zum Beispiel von seiner Dankbarkeit, immer nach Hause gehen zu können.

Der Text von Novalis, der Peter so gut gefallen hatte, schrieb ich für die Eltern auf eine Karte:

Ich sag es jedem, daß er lebt
Und auferstanden ist,
Daß er in unserer Mitte schwebt
Und ewig bei uns ist.

Er lebt und wird nun bei uns sein,
Wenn alles uns verläßt!
Und so soll dieser Tag uns sein
Ein Weltverjüngungsfest.

Ich fuhr heim. Ich war traurig und fühlte mich in diesem Moment erschöpft. In mir erlebte ich noch einmal die ganze Begegnung in spontanen Bildern: Verzweifelte, traurige Bilder, aber auch viele, die schön waren, getragen von einer tiefen, menschlichen Begegnung zu ihnen.

Wie oft war ich diese Strecke gefahren. Das erste mal lag Schnee, es war Winter. Jetzt war Sommer, die Rapsfelder blühten. In mir stieg eine große Dankbarkeit auf, diese beiden Menschen kennengelernt zu haben. Ich fühlte mich durch ihre Begegnung beschenkt, bereichert und lernte auch mich selber besser kennen. Ich spürte einerseits oft die eigene Begrenztheit, andererseits wurde ich in meinem Empfinden und meinem inneren Erleben weiter. Ich trauerte um Freunde.

Nein!

Nein, nicht gerade er, mein einziger Bruder. Seit Jahren schon verfolge ich die Berichte in den Medien über AIDS mit einem gewissen Gefühl von Angst und ahnungsvoller Panik. Nun ist es schreckliche Wahrheit. Mein Bruder liegt das erste Mal im Krankenhaus. Ein langer und doch kurzer letzter Weg beginnt.

Warum muß es gerade er sein? Wie soll er, wie ich, die grausame Wahrheit ertragen? Das Wissen, daß der Tod uns ab jetzt mit jedem Tag näher kommt. Verzweiflung, Ablehnung, Hader mit dem Schicksal erfüllen ihn und mich. Zorn, aber auch Depression erschüttern unsere Gefühle, unsere Beziehung.

Manchmal erschaudere ich bei dem Gedanken an eine Ansteckung und die Folgen. Trotzdem bin ich da, kümmere mich um ihn, helfe, höre zu und freue mich mit ihm. Ab und zu umsorge ich ihn in seinen Augen zu sehr. Ich erfahre Ablehnung und Zorn. Seine Depression zieht mich ins Dunkel. Ich kämpfe dagegen an, muß es, für mich, für meine Familie, für ihn. Manchmal bin ich es leid, bin zu müde, zu traurig, frustriert. Möchte nichts mehr wissen, keine Verzweiflung und Hoffnungslosigkeit mehr spüren, vor der Wahrheit, dem Leiden, dem Schmerz die Augen verschließen. Gerade dann kommen von ihm Gesten der Liebe und der Dankbarkeit, Worte der Entschuldigung. Mein Schmerz, meine Mühsal werden unwichtig. Es folgen Tage und Wochen voller Lebensfreude, voller Zukunftspläne, die mich staunen machen, Mut fassen lassen. Ich spüre, daß ich richtig handle.

Eine dunkle Phase hat einer hellen Platz gemacht. Meine Gedanken und Gefühle können sich in Ruhe mit dem Schicksal auseinandersetzen. Ich lese viel über Sterbende. Das hilft mir. Ich erkenne Vieles wieder, weiß später mit Vielem besser fertig zu werden.

Plötzlich schlägt die Krankheit wieder zu. Alles wird wieder in Frage gestellt. Meine erneute Verzweiflung ist jedoch nur kurz, macht dem zunehmenden Akzeptieren Platz.

Mein Bruder ist schon weiter. Er hat sein Schicksal fast angenommen. Noch verhandelt er mit dem Tod. Noch möchte er eine begrenzte Zeit relativen Wohlbefindens erkämpfen. Er schafft es. Es gibt noch so viel zu erleben, noch manches zu erledigen. Wir kommen uns immer näher. Blicke und Gesten ersetzen oft Worte. Wir wissen beide um die Kostbarkeit jeder gemeinsamen Stunde.

Die körperliche Kraft läßt nach, der Wille jedoch trotzt dem Schicksal noch manche schöne Stunde ab. Seine Augen in glücklichen Momenten strahlen zu sehen, gibt mir ungeahnte

Kraft, läßt mich eine tiefe innere Ruhe finden, läßt mich meine panische Angst vor dem nicht Durchhaltevermögen vergessen. Ich frage mich in dieser Zeit oft: Wer gibt hier wem Kraft, wer tröstet wen?

Bei jedem Wiedersehen spüre ich deutlicher, daß wir uns dem Ziel nähern. Der Zorn, die Depression, die Aggression sind verschwunden. Das Bewußtsein der baldigen, endgültigen Trennung gibt uns Ruhe, läßt uns liebevoll miteinander umgehen. Wir wissen, daß wir akzeptiert haben, daß wir uns loslassen können. Gemeinsam erreichen wir, daß auch unsere Mutter diesen letzten schweren Schritt tun kann.

Lächelnd kann er über die Schwelle treten. Er hat Frieden gefunden, wir durch ihn Trost.

Alle zusammen haben wir letztendlich zu einem Teil unseres vorbestimmten Weges und zu seinem Ende ein gemeinsames Wort gefunden: JA.

Alle Mühen, Kraftanstrengungen, Tränen, alle Verzweiflung und Wut verblassen neben der Freude, den schönen Momenten, der Liebe während dieser unwiderbringlich letzten Zeit.

… immer nur den nächsten Schritt tun

11. Dezember.
Ich mache meinen ersten Besuch bei Frau Albrecht im Krankenhaus. Sie sieht überhaupt nicht wie eine Schwerkranke aus. Lebhaft erzählt sie mir ihre Geschichte.

Sie ist alleinstehend und 65 Jahre alt. Seit mehreren Jahren leidet sie an Darmkrebs. Nach ihrer ersten Operation gaben ihr die Ärzte nicht mehr viel Zeit zum Leben, und jetzt hat sie schon mehrere Jahre überstanden. Fast triumphierend kommt es aus ihrem Munde. Sie erwähnt auch die schwierige Situation mit ihrer älteren Schwester, Frau Kaiser. Sie fühlt sich von ihr alleinegelassen.

Sie hat Schwierigkeiten, das Schwinden ihrer Kräfte zu akzeptieren.

Angst vor dem Tod? Nein! Ihr Blick geht zum Fenster – es wäre jetzt schon sehr kalt und dunkel draußen. Weiter möchte sie nicht denken. Hoffnung und Resignation wechseln sich im Gespräch ab.

17. Dezember.
Frau Albrecht wurde verlegt, da Verdacht auf Darmverschluß besteht. Sie kann wegen einer Infusion wenig sprechen. „Ich bin müde", sagt sie, sucht meine Hand, will gehalten werden. Ich verspreche ihr, bei ihr am Bett zu sitzen ohne zu reden und spüre, wie sie meine Hand festhält. Später lerne ich dann ihre Schwester, die zu Besuch kommt, kennen.

19. Dezember.
Zu Anfang meines Besuches erlebe ich Frau Albrecht ganz in sich zurückgezogen. Doch dann, nach einiger Zeit, interessiert sie sich auch wieder für „draußen". Sie möchte ihre Station kennenlernen, und so gehen wir langsam den Flur entlang, der weihnachtlich geschmückt ist. Sie erscheint mir jetzt viel ruhiger, weicher, als bei meinem ersten Besuch.

„Immer nur den nächsten Schritt tun, das ist mir aufgegangen. Alles kommt ja doch anders als geplant", meinte sie.

22. Dezember.
Als ich komme, schläft Frau Albrecht tief. Sie hatte starke Schmerzen in der Nacht.

„Mit den Schmerzen wird die Angst übermächtig", sagt sie. „Wenn das so weitergeht, mag und kann ich nicht mehr. Sie habe ich gerade noch rechtzeitig kennengelernt, Sie sind mein Engel."

29. Dezember.
Frau Albrecht hatte nachts und am Tag wieder fürchterliche Schmerzen. Sie wird nun auf Schmerzmittel eingestellt. Heute morgen geht es ihr wieder besser.

Das Verhältnis zu ihrer Schwester hat sich verändert, sie können mehr aufeinander zugehen. Es wird ihr klar, daß sie in diesem Zustand nicht nach Hause kommen kann, wie sie es eigentlich gehofft hatte.

„Wie geht es weiter?" Eine Frage, die immer wieder auftaucht. Die Antwort gibt sie sich selbst.

Immer, wenn sie glaubte es ginge nicht mehr, bekam sie

Hilfe. „Wissen Sie, ich habe nicht an Gott geglaubt", meinte sie, „doch es wird mir einfach gezeigt, ich muß glauben, daß eine Macht da ist, die mir weiterhilft."

7. Januar.
Frau Albrecht war gestern in Begleitung ihrer Schwester in ihrer Wohnung, um einiges zu regeln. Sie merkte, wie schwach sie sei und im Krankenhaus doch am besten aufgehoben ist.

9. Januar.
Frau Albrecht ist kaum ansprechbar vor Schmerzen. Ihre Schwester kommt. Sie ist sehr besorgt und hilflos. Ich spüre, wie schwer es ihr fällt, ihre Gefühle zu zeigen.

11. Januar.
Heute ist sie schmerzfrei. Sie bekommt jetzt Schmerzmittel über einen Tropf. So kann sie auch wieder aufstehen. „Wie wird es weitergehen, was kommt noch alles?" – ist eine Frage, die ohne Antwort bleibt. Diese Ungewißheit ist sehr schwer für sie auszuhalten.

14. Januar.
Sie beklagt sich, daß die Anrufe und Besuche von Freunden und Bekannten weniger werden. Die Beziehung zur Schwester jedoch wird versöhnlicher. Sie hat ihr jetzt auch die Vollmacht zur Erledigung ihrer Angelegenheiten gegeben. Frau Albrecht schreibt ihr Testament.

18. Januar.
Frau Kaiser, die Schwester, ruft mich an. Sie fragt, was denn mit Frau Albrecht geschehen soll. Die Situation belastet sie sehr. Seit zwei Jahren sei sie selber Witwe und froh, wenn sie mit ihrem eigenen Leben zurechtkomme.

20. Januar.
Frau Albrecht hatte diese Woche ihre Freundinnen zu Besuch. Es war sehr anstrengend, meinte sie. Gestern und heute hatte sie wieder starke Schmerzen. Sie möchte nur noch schlafen.

22. Januar.
Frau Albrecht hat die nun doch notwendig gewordene Operation wegen des Darmverschlusses gut überstanden. Sie wirkt auf mich sehr viel weicher, bereit, Hilfe anzunehmen. Sie

meint, es wäre schön, sich um nichts zu sorgen, nur vor sich hinzuträumen. Ihre Schwester kommt zu Besuch. Ich empfinde, daß beide sehr viel zärtlicher miteinander umgehen als früher. Als Frau Kaiser gegangen ist, erzählt mir Frau Albrecht die Geschichte ihres Familienzwistes und der Entfremdung. Sie ist nun bereit, nichts mehr nachzutragen und versucht jetzt, beide Seiten zu verstehen, möchte die Vergangenheit ruhen lassen. Das Gespräch mit ihr war sehr intensiv. Ich spüre eine Nähe zu ihr, die vorher nicht da war.

30. Januar.
Die Operation hat nicht den gewünschten Erfolg gebracht. Frau Albrecht ißt fast nichts, und wenn, dann erbricht sie anschließend.

„Daß Sterben so schwer sein kann", sagt sie.

Sie hat Schmerzen und schläft immer wieder. Ich habe das Gefühl, daß die Außenwelt für sie zurücktritt. Sie sucht Körperkontakt – ich halte ihre Hand.

4. Februar.
Als ich komme, sitzt sie aufrecht im Bett und versucht, ein wenig zu essen. Sie ist sehr schwach. Am Morgen war sie alleine auf der Toilette und kam fast nicht mehr zurück. Immer wieder versucht sie, all ihre Kräfte zu mobilisieren. Nach den wenigen Bissen, die sie zu sich genommen hat, bekommt sie Schmerzen. Die Funktion des Darmes ist immer noch nicht wieder da.

Sie hat Angst, die Augen zu schließen oder zu schlafen, weil sie dann merkwürdige Bilder sieht oder Träume hat.

6. Februar.
Sehr friedlich liegt Frau Albrecht heute im Bett. Mir erscheint sie sehr gealtert, von Mal zu Mal mehr. Ihre Stimme klingt jetzt sehr leise und schwach. Ihr Darm arbeitet etwas, so daß sie jetzt ruhiger sein kann. Sie will mich, wenn sie wieder aufstehen kann, unbedingt besuchen.

Beim Abschied hält sie meine Hand fest und spricht von ihren Hoffnungen. Ich fühle mich ihr sehr nahe.

12. Februar.
Frau Albrecht liegt jetzt in einem Einzelzimmer. Sie fühlt sich auf dem Abstellgleis. Ich versuche, ihr die Vorzüge eines Ein-

zelzimmers nahe zu bringen. Zwischendurch wird sie munterer. Sie spricht von ihren Reisen, die sie in den letzten Jahren trotz ihrer Krankheit noch machen konnte. Heute hat sie jedoch kein Interesse mehr dafür. Doch was bleibt, seien die Erinnerungen!

Groß sieht sie mich immer wieder an. Sie will ihre Verzweiflung nicht zulassen, doch ihre Augen erzählen mehr, sind angstvoll, füllen sich mit Tränen.

19. Februar.
Frau Albrecht spricht von ihren Streitigkeiten mit den Nachbarn. Sie ist eine kämpferische Natur, ihr jetziger Zustand macht sie ruhiger und friedlicher.

27. Februar.
Inzwischen fühlt sie sich wohl in ihrem Zimmer, ist zufrieden und möchte nichts anderes mehr. Sie hatte mich gebeten zu kommen, wenn sie gebadet wird, um sie anschließend einzureiben.

Behutsam ist Vertrauen zwischen uns gewachsen. Sie genießt es, sich einreiben zu lassen, räkelt sich, … jetzt noch zudecken! Wie in einem Nest liegt sie da, zusammengerollt, warm und geborgen. So verlasse ich sie.

29. Februar.
Zwei Tage später! Inzwischen ist Frau Albrechts Stimmung umgeschlagen. Sie hat wieder Angst, entlassen zu werden, wie schon öfters. Diese Angst wird durch Bemerkungen der verantwortlichen Krankenschwester noch bestärkt.

In einem Gespräch mit dem Arzt stellt sich heraus, daß monatlich die Krankenkasse überprüft, inwieweit ein Krankenhausaufenthalt noch gerechtfertigt ist. Doch von Seiten des Arztes ist an eine Entlassung von Frau Albrecht nicht zu denken.

6. März.
Mit offenen Augen, offenem Mund, liegt Frau Albrecht heute da. Ich spüre, sie ist weit weg von der äußeren Welt. Sie erkennt mich, spricht in Bildern.

„Heute Nacht wollten sie mich sterben lassen … wo bin ich, bin ich in meinem Zimmer, … sind wir mit zwei Autos da?"

Sie möchte aufstehen, sie möchte sich doch fertigmachen, sie würde weggebracht werden.

„Morgen bringt mich der Professor zum Flughafen."

Und immer wieder der Ausspruch: „Ich bin ganz durcheinander... ich weiß überhaupt nicht, was ist... so was hab ich noch nicht erlebt."

Dann das etwas hilflose Erstaunen, was sie in ihrem Alter alles noch lernen müsse.

9. März.
Frau Albrecht möchte mit mir zusammen Kaffee trinken, und so bringt auch für mich die Schwester Kaffee.

„Ich fühle mich wie in einem Wiener Kaffeehaus", scherzt sie und schwärmt von ihren Reisen. Wir sind fröhlich zusammen und dann auch wieder sehr still. In solchen Augenblicken spüre ich einen Schmerz, sie zu verlieren.

13. März.
Das Fenster in ihrem Zimmer steht weit offen, als ich sie heute besuche. Draußen ist ein herrlicher Frühlingstag, und sie genießt die Sonne, die ins Zimmer scheint. Frau Albrecht möchte einen kleinen Spaziergang machen. Ganz, ganz langsam gehen wir den Flur entlang. Wir bewundern zusammen die blühenden Bäume im Garten. Beim Abschied begleiten mich ihre guten Wünsche und ihr Dank. Sie will wissen, wann ich wiederkomme, daß sie sich darauf freuen kann.

13. März.
Das Krankenhaus ruft mich an, daß es Frau Albrecht sehr schlecht gehe. Ich fahre sofort hin. Frau Kaiser, die Schwester ist auch da.

Frau Albrecht ist sehr unruhig, atmet schwer, Hände und Beine sind angeschwollen.

„Was kann man denn nur tun?", fragt Frau Kaiser verzweifelt. „Nur ihre Hand halten und bei ihr sein." Rührend unbeholfen nimmt sie die Hand ihrer Schwester und spricht mit ihr. Mir fällt ein, wie Frau Albrecht mir einmal erzählte, sie wäre für ihre große Schwester immer nur das lästige Anhängsel gewesen. Doch jetzt ist sehr viel Liebe in ihren Gesten.

Frau Kaiser und ich beschließen, auf Anraten des Arztes, die Nacht abwechselnd bei ihr zu wachen. Um 24 Uhr löse ich Frau Kaiser ab. Frau Albrecht schläft ruhig. Diese Ruhe wird vom „Nach-Luft-Ringen" manchmal unterbrochen. Der Schleim ist jetzt zäh, mit der Zunge schiebt sie ihn nach vorne, so daß ich ihn mit dem Tuch abnehmen kann. Zwischendurch schlafe ich immer wieder ein, schrecke dann hoch, um nach ihr zu sehen. Die Nacht verläuft friedlich.

Früh am Morgen weckt die Nachtschwester Frau Albrecht, um sie zu waschen. Sie erkennt mich und mühsam bringt sie heraus, daß sie sehr müde sei, – ein gehauchtes Wort, es klingt wie – Danke –. Das war das letzte mal, daß sie mich erkannte.

Frau Albrechts Zustand bleibt in den nächsten Tagen unverändert. Wenn ich bei ihr bin, sitze ich an ihrem Bett, halte ihre Hand. Sie dämmert vor sich hin, stöhnt, ist nicht mehr ansprechbar.

Frau Kaiser ruft immer wieder bei mir an. Sie hält den unveränderten Zustand ihrer Schwester kaum aus. Sie braucht immer wieder Zuspruch, daß sie alles, was möglich ist, getan hat.

24. März.
Frau Albrechts Zustand hat sich nicht verändert. Aus meinem Garten habe ich ihr einen Blütenzweig mitgebracht.

Sie atmet unregelmäßig. Ihr Jammern klingt eher wie ein Lied.

Am Abend ruft das Krankenhaus an. Sie hat sterben dürfen.

Ich kann mir das Nichts einfach nicht vorstellen …

„Da sind Sie also!" mit diesen Worten begrüßt sie mich, als ich das erste Mal ihr Zimmer betrete. Es schwingt etwas Engültiges mit. Die braunen Augen begrüßen mich. Da ist Angst und Hoffnung. Als ich ihr die Hand gebe, beginnt sie zu weinen.

„Entschuldigen Sie. Ich bin froh, daß sie kommen. Ich weiß nicht, warum ich so weinen muß."

„Ich wäre nicht hier, wenn Sie nicht so krank wären. Ist es das?" Sie nickt.

„Ich habe auch keine Kraft mehr. Gar keine Kraft. Nur noch

weinen und beten. Meistens weinen. Ich möchte Sie etwas fragen. Vor vier Jahren, nach der ersten Krebsoperation, schien der Tod ganz nah. Schmerzen und Angst. Aber dann, einmal in der Nacht, war die Mutter da, die Mutter, die ein Jahr zuvor gestorben ist. Vielleicht können Sie das nicht glauben, aber ich habe sie gesehen. Und danach war die Angst weg."

Sie war scheinbar wieder gesund geworden, war ja auch nicht einmal fünfzig, hatte wieder ein volles Arbeitspensum bewältigt. Und jetzt dies. Damit hatte sie nicht gerechnet. Und die Angst ist auch wieder da.

„Meine Mutter – glauben Sie, daß meine Mutter wiederkommt, wenn es soweit ist?"

Im dichten Abendverkehr fahre ich nach Hause. Es fällt mir schwer, mich zu lösen von dem Bild dieser Frau: das schöne Gesicht unter dem vollen braunen Haar, die sanfte Stimme, die aus der Seele kommenden, suchenden Fragen.

Weinend in den Kissen liegend, – wenn ich erwartete, sie wieder so anzutreffen, so hatte ich mich getäuscht. Mehr noch als der Aktenordner auf ihren Knien zeigte der energische Gesichtsausdruck, das Aufrechtsitzen im Bett, daß es diesmal nicht um Tod und Abschied geht.

„Ich werde die Zügel in der Hand halten, so lange es geht. Man kann schließlich nicht immer ans Sterben denken. Vielleicht werde ich auch wieder gesund. Mein Mann glaubt fest daran. Auch seinetwegen will ich nicht ans Sterben denken."

Außerdem habe sie noch einen Prozeß zu führen und zu gewinnen.

„Ich will mein Recht und ich werde darum kämpfen! Jetzt abtreten! So leicht werde ich es niemandem machen. Koste es, was es wolle, ich muß mein Recht bekommen."

Ich bin völlig verwirrt. Ist das die gleiche, sanfte, aufs Jenseits gerichtete Frau von der letzten Woche? Der Name eines kompetenten Anwalts interessiert sie zweifellos mehr als das Engelsbild, das ich ihr mitgebracht hatte.

Ich gehe etwas früher. Diese geschäftstüchtige Entschlossenheit ist so unerwartet, daß ich gar nicht damit umgehen kann.

„Mein Recht. Ich will mein Recht!" Es ist ein Aufbäumen, Trotzen. Recht, im Angesicht des Todes? Oder geht es hier um ein ganz anderes Recht? Hat man mit Fünfzig nicht ein Recht auf Leben? Auf Gesundheit? Kann ich ihr Sträuben, die Zügel aus der Hand zu legen, so verstehen? Denen, die mit ihrem Tode rechnen, will sie es zeigen, den Prozeßgegnern, den Angehörigen – auch Gott? O ja, auch Gott gegenüber besteht sie auf ihrem Recht zu leben.

Ich bin gespannt. Wen werde ich diesmal antreffen, die leidend Sanfte oder die energische Geschäftsfrau?

Im Licht der Nachmittagssonne erscheint ihr Gesicht jung, fast blühend. Ein Berg von Briefen liegt neben ihr. Abschiedsbriefe!

„Wissen Sie, ich habe jetzt von meinen Freunden Abschied genommen. Ich lasse mich einfach fallen. Mein ganzes Leben war gepreßt; Leistung, Leistung, Erfolg. Jetzt kann ich nicht mehr, und ich bin fast froh darüber." Sie lächelt, dabei laufen ihr die Tränen über das Gesicht, das jetzt so weich, so entspannt, so jung aussieht, daß es mir heute schwer fällt, sie für sterbenskrank zu halten.

Wenn sie doch wieder gesund würde?

So bin ich nicht übermäßig erstaunt, als sie mich beim nächsten Besuch selbst an der Haustür empfängt. Das meergrüne bodenlange Gewand, der pastellrote Schal verleihen ihr etwas Königliches. Im Wohnraum ist der Kaffeetisch gedeckt. Der Blick aus den großen Fenstern zeigt in den Garten.

„Bei der Gartenarbeit habe ich mich immer vom Berufsstreß erholt. Sie sollten meine Blumen sehen im Sommer. Ob ich je wieder hinauskomme...? Der nächste Sommer... nehmen Sie Tee?"

Sie bittet mich, selber einzuschenken. Die Metastasen! Schmerzen. „Ja, ein sehr altes Service, ein Hochzeitsgeschenk. Aber diese Dinge sind alle nicht mehr so wichtig. Ich verschenke jetzt vieles. Heimlich, sonst würde mein Mann merken, daß ich nicht mehr ans Gesundwerden glaube. Er hofft noch, und das soll er auch!"

Ihr Gesicht wird blaß vor Schmerzen. Ich helfe ihr ins Bett. Erschöpft, flüsternd: „Loslassen, ach, loslassen – das ist das einzige, was bleibt." Sie scheint eingeschlafen. Plötzlich öffnet sie die Augen und sagt, fast überlaut: „Übrigens, ich habe jetzt einen guten Anwalt. Ich werde bekommen, was mir zusteht. Mein volles Recht und nichts darunter!"

Wieder trifft mich die Schärfe unerwartet: „Sie wollen Ihr Recht?" Sie wendet den Kopf und weint, weint lang und bitterlich: „Ach, wenn doch schon alles überstanden wäre. Ich will ja sterben. Aber ich will nicht immer an den Tod denken. Ich will doch ans Leben denken. Verstehen Sie mich?"

Beim Heimfahren wird mir bewußt, wie weit mein eigenes Denken und Fühlen von ihrem entfernt ist.

Nein, ich verstehe sie nicht. Aber ich spüre eine große Achtung vor diesem heftigen, manchmal trotzigen Ringen. Und ich spüre Zuneigung.

Mich erreicht der Anruf ihres Mannes. Es hat einen Disput mit dem Hausarzt gegeben. Der Arzt hält die Einweisung ins Krankenhaus für nötig. Ich frage: „Und Sie, wie geht es Ihnen?" Es folgt ein längeres Schweigen. „Ach wissen Sie, das ist, wie wenn man einen Mantel fest um sich zieht. Sie wird nicht wieder gesund werden, aber ich kann, ich will sie mit solchen Gedanken nicht belasten. Man bewahrt eben Haltung."

Ich freue mich auf den Besuch bei ihr. Ich möchte sie gerne wiedersehen. Ihr zuhören. Wie wird es ihr diesmal gehen? Beide Hände streckt sie mir entgegen. Das Lächeln ist triumphierend: „Meine Leukos sind ganz unten, aber Chemotherapie, das kommt nicht in Frage, nicht mit mir! Wenn ich sterben muß, dann sterbe ich. Aber mit der Chemo ist Schluß!"

Ihre Augen blitzen kämpferisch. Schön sieht sie aus, so entschlossen. – Gleich darauf nachdenklich: „Am schwersten ist es, die anderen nicht zu belasten. Immer sagen, es gehe gut, nicht zu weinen... Das Wohlwollen der Familie tut gut, aber es tut auch weh. Und ich will sie doch nicht so belasten. – Glauben Sie, mein Mann weiß, daß ich nicht mehr gesund werde?"

Nach einer langen Regenwoche ist heute wieder ein heller Tag. Ich freue mich auf die Nachmittagssonne in ihrem Zimmer. Aber es ist dämmrig, als ich hereinkomme. Die Jalousien sind heruntergezogen. Das Licht bleibt draußen. Blaß und still, hebt sie kaum die Hand. Sie schaut mich nicht an, spricht mehr zu sich selbst: „So gar keine Perspektive mehr, das ist das Schlimmste. Ich habe immer in die Zukunft geplant. Mit guter Planung kann man sehr viel erreichen. Und jetzt ... einfach warten, warten. Keine Perspektive."

Lange schweigen wir beide. Dann schaut sie mich an: „Wissen Sie, was ich noch einmal möchte? Über den Markt gehen, ein einziges Mal auf den Markt. Die Blumen, das Gemüse ... Ein einziges Mal. Ich bin so traurig."

Da spüre ich, wie mich ihre Traurigkeit erreicht, einhüllt, mir die Tränen herunterlaufen. Darf ich denn das? Auch weinen? Es ist sehr still im Zimmer.

Ihr Mann kommt herein, bringt uns Tee. Wir trinken ihn und schweigen. Unerwartet fragt sie über ihre Teetasse hinweg: „Sterben – wissen Sie denn, was danach kommt? Ich kann mir das Nichts einfach nicht vorstellen." – „Ich auch nicht, nicht einmal der Philosoph Bloch konnte das." Wir lachen beide, wie befreit, über dieses unvorstellbare Nichts.

„Ich muß Ihnen etwas erzählen: Vorgestern, mein Mann gab mir die Medikamente so wie immer. Und plötzlich fing er an zu weinen – und da wußte ich, daß er es weiß, und er weiß jetzt, daß ich es weiß. Wir haben beide geweint. Es war ganz schrecklich. Aber auch gut. Es ist jetzt viel leichter."

Mein Telefon läutet. Ihr Mann, fast heiser vor Aufregung. Der Hausarzt habe den Krankenwagen bestellt. „Er hat wohl die Nerven verloren. Es geht meiner Frau ja auch sehr schlecht. Aber sie hat sich doch so gewehrt. Sie will um keinen Preis ins Krankenhaus. Es war ein Überfall – unser Protest war ganz zwecklos. Bitte gehen Sie zu ihr ins Krankenhaus."

Blicklos wendet sie sich der Tür zu, als ich eintrete. Der Telefonhörer liegt neben ihrem Bett. Sie hat vergessen, wer angerufen hat und wann; sie will sich aufrichten, es geht nur mühsam. Ich helfe ihr, stütze sie. Da bricht es aus ihr heraus: „Niemand soll mich anfassen, nicht streicheln, nicht sprechen! Ich will in Ruhe gelassen werden!"

Sie schließt die Augen, und das Gesicht entspannt sich langsam. Ich gehe leise.

Als ich das nächstemal komme, streckt sie mir beide Arme entgegen: „Ich hatte Angst, daß sie nicht mehr kommen würden."

Als kurz darauf der Arzt hereinkommt, schickt sie ihn fort. Sie brauche keinen Arzt mehr, sie brauche Ruhe. Das sagt sie so kompromißlos, daß er kopfschüttelnd das Zimmer verläßt. Sie seufzt: „Wenn's ans Sterben geht, zählt jeder Tag in diesem Bienenstock doppelt."

Nur Ruhe. – Nein, auch nicht mehr beten. „Jetzt ist die Zeit, die nach dem Beten kommt." Ob sie nach Hause möchte? „Ach wissen Sie, es kommt nicht mehr so darauf an. Ich gehe sowieso heim." Sie deutet mit dem Zeigefinger nach oben und lächelt.

Auf dem Flur begegne ich dem Arzt nochmal. Er will sie möglichst rasch entlassen, damit sie, ihrem früher geäußerten Wunsch entsprechend, zuhause sterben kann.

Ich freue mich, daß sie wieder zuhause sein kann. Aber ist es ihr noch wichtig?

Gleich beim Hereinkommen fragt sie: „wozu ist so etwas eigentlich gut?" Wozu ist was gut?

„Die Explosionen... die Explosionen vor meinen Augen und viel Licht."

Nach einer Weile sagt sie: „Ich liege jetzt in dem Bett meiner Mutter. In diesem Bett ist sie gestorben. Auch an Krebs." Sie schweigt lange. „Hören Sie die Musik? Mein Mann hört sie auch nicht. Es ist ganz andere Musik. Ich kenne sie nicht."

Sie scheint eingeschlafen. Plötzlich ist sie hellwach. „Die Uhr. Es ist wichtig, daß ich die Uhr immer sehe. Ich muß die Zeit einteilen. Das ist wichtig. Ich brauche eine sehr gute Uhr, die Zeit einzuteilen."

Entspannt sieht sie aus, als ich am nächsten Tag komme.

„Ich bin so glücklich, nur noch glücklich."

Mich berührt diese Innigkeit. „Sie sind glücklich?" – „Ja, ich kann jetzt Schimpfwörter sagen – alle." Ich bin verblüfft. „Und das ist gut?" – „Ja, das ist sehr gut. Nichts spielt mehr eine Rolle. Alles kann ich sagen. Ich bin frei."

Es klingt fromm und erlöst, wie die „immer Liebe", „immer Sanfte", „immer Höfliche" gewahr wird, daß sie jetzt auch dunkle Gefühle und Ablehnung aussprechen kann.

Sie lächelt in sich hinein. „Ich habe ihm gesagt: ich liebe dich, und ich habe ihm auch gesagt: du Eisklotz. Beides habe ich noch nie gesagt, aber es stimmt."

Sie schläft ein. Nach langer Zeit murmelt sie leise und mit großen Zwischenräumen: „Ich bin reich. Sie nicht. – Ich bin ganz nah. Ich tausche mit niemandem. Auch nicht mit Ihnen. – Sie sind in einer Kapsel. Alle sind in einer Kapsel. Ich nicht. – Ich habe keine Kapsel. – Ich bin frei."

Sie schaut an mir vorbei auf die Uhr. „Es ist gleich 17 Uhr, meine Gesprächspartnerin kann gehen." Ich soll gehen?- „Sie sollen nicht, aber Sie können. Ich brauche niemanden. Wissen Sie, ich habe keine Kapsel. Ich brauche Sie nicht mehr." Das klingt siegesgewiß. Ich muß plötzlich lachen und schüttele vorsichtig ihren Arm. „So ist das also: Sie haben keine Kapsel und brauchen niemanden mehr. Für mich fühlt es sich fast so an, als brauchte ich Sie."

„Das kann wohl sein", sagt sie und schaut mich lange mit großer Liebe an.

„Trotz der Schmerztherapie ist es ein elendes und langes Sterben", so empfängt mich ihre Schwester. Sie schlafe jetzt neben ihr. Früher hätte sie sich gefürchtet, „aber wir sind bald alle jenseits der Angst vorm Sterben."

Nur noch Himbeeren wolle sie haben, jeden Tag. Sie schlafe jetzt meist.

Schmal ist das Gesicht geworden. Ein Schälchen Himbeeren hält sie in der Hand und lächelt. „Die Himbeeren, das ist der Wald – alles ist grün – Sommer – so schön – der Duft." Sie schaut mich an. Geht innerlich weit weg. In einen Sommerwald? Kommt zurück, ... sucht Worte ... „Es ist nicht mehr wichtig, nichts ist wichtig ... nur eines ... der Geist ... Wasser ... Geist und Wasser ... was ist Schuld? ... Der Eremit ... er hat keinen Beruf, keine Familie, kein Drumrum. Keine Schuld – das Leben ist schuldig. Nichts ist wichtig. Der Geist. Das Wasser. Das Licht."

Sie schläft.

Ich muß für zwei Tage verreisen, möchte sie noch einmal sehen. Ob sie mich erkennt, weiß ich nicht. Die Augen schauen durch mich hindurch in die Ferne. Das Atmen ist mühsam. Ich halte ihr Gesicht in meinen Händen. Es ist kalt und feucht. Wie warm meine Hände sind. Wir sind etwa gleich alt.

„Ich tausche nicht mit Ihnen", hatte sie gesagt und: „Nichts ist mehr wichtig".

Für eine zeitlose Spanne fallen auch von mir die vielen kleinen „Wichtigkeiten" des Alltags ab.

Ihr Sterben verändert mein Leben – ich spüre
eine Dankbarkeit, die beides umschließt.

So ist mein Leben nicht mehr lebenswert

Manchmal ist der Weg der Krankheit und des Sterbens so schwer, daß der sterbende Mensch nicht mehr leben will.

Durch viele Operationen und Behandlungen, durch das Aushalten von Schmerzen ist seine Lebenskraft erschöpft. Die Frage nach dem Sinn seines Daseins stellt sich besonders, wenn er zusätzlich noch ans Bett gefesselt und für alles auf Hilfe angewiesen ist. Bei einigen, meist bei älteren Menschen ist es auch so, daß viele der ihnen vertrauten Menschen schon gestorben sind und die Sehnsucht sie nach „Drüben" zieht.

Wie können wir als Begleiter nun mit dem Wunsch zu sterben oder gar das Leben beenden zu wollen, umgehen?

Zunächst wehrt sich in uns alles, und wir können es vielleicht kaum ertragen, daß dieser Mensch nicht mehr leben möchte, und wir versuchen ihn zum Leben „zu überreden". Und es ist gut und wichtig, daß wir uns prüfen, was wir noch für den anderen tun können, damit er wieder mehr Mut und Kraft zum Leben bekommt. Häufig entsteht ja der Wunsch, nicht mehr leben zu wollen, aus dem Gefühl des Alleingelassenseins, aus mangelnder Zuwendung oder auch aus mangelnder medizinischen Hilfe, insbesondere in der Schmerzbehandlung.

Wenn wir es aber wagen, uns in die Situation des anderen hineinzuversetzen und uns ehrlich fragen: Wie würde es mir in dieser Situation ergehen, vielleicht bettlägerig, erblindet und mit Schmerzen? Oder seit Monaten nur noch auf der linken Seite liegen zu können, weil Bestrahlungsschäden das Liegen auf dem Rücken unmöglich machen und zusätzlich noch starke Übelkeit und Erbrechen?

Es ist wichtig, daß wir den Wunsch, sterben zu wollen, nicht verurteilen oder aus Angst bekämpfen, sondern daß wir uns von dem Leid des anderen treffen und berühren lassen, versuchen, seine Not und Verzweiflung, die hinter diesem Wunsch steht, zu verstehen. Wir brauchen keine Antworten parat zu haben – viel wichtiger ist es, daß wir die Zweifel, die scheinbare Sinnlosigkeit mitaushalten und den anderen hierin nicht alleine lassen.

Frau Naber

So viele Operationen hat Frau Naber schon hinter sich. Seit der Brustkrebserkrankung vor acht Jahren, jedes Jahr eine …

Genau ein Jahr vor ihrer eigenen Erkrankung ist ihr Mann gestorben. Sie hat ihn lange und liebevoll begleitet. – „Aber, wer wird mich begleiten?" Das ist ihre Sorge. Zwei Nachbarinnen kümmern sich mit viel Zuwendung um sie .

Große Augen, die tief ins Herz blicken, begegnen den meinen vertrauensvoll.

Ihr Arm, der durch einen Lymphstau so dick geschwollen ist, daß sie ihn nicht mehr halten kann, macht ihr starke Schmerzen. Er ist zu schwer für sie. Im Gespräch über ihre Lebensgeschichte kommen ihr immer wieder die Tränen. Tief berührt von dem Leid, das sie so tapfer alleine trägt, kommen auch mir selber die Tränen.

Nach einigen Wochen kann sie sich endlich entschließen, Morphin gegen die Schmerzen zu nehmen.

Viele Knoten hat sie, am Hals und Arm. Einige davon sind aufgeplatzt und eitrig.

Bei meinem heutigen Besuch ist sie unruhig, wartet verzweifelt auf die Schwester für den Verbandswechsel. Ich massiere ihr inzwischen den müden Rücken, und langsam wird sie ruhiger.

Gestern hat sie ihre Geldangelegenheiten geregelt. Die Enkelin soll alles bekommen.

Mein letzter Besuch …

Frau Naber äußert heute den Wunsch zu sterben. „So ist mein Leben nicht mehr lebenswert."

In ihrer inneren Welt ist sie jetzt oft mit der verstorbenen Mutter und ihrem Mann zusammen.

Dann gibt es aber auch Momente, in denen sie am liebsten etwas kaputt machen möchte – „da kann ich den Schmerz nicht mehr ertragen." Und so bringe ich ihr einen alten Teller aus der Küche, den sie mit Kraft auf den Boden schmeißt. Sie ist erleichtert, und ihr kommen die Tränen.

Plötzlich klingelt es an der Tür. Eine Bekannte von ihr möchte sie besuchen.

Als diese die Scherben auf dem Boden sieht, fühlen wir uns etwas „ertappt", aber mit einem Schmunzeln sagen wir, daß uns der Teller gerade heruntergefallen sei .

Ich verabschiede mich. Diesmal fällt mir der Abschied schwer, ich ahne, daß ich sie nicht mehr sehen werde.

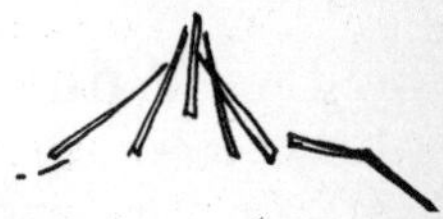

Der selbstgewählte Tod

Sie will sterben!

„Ich habe so starke Schmerzen und habe alles versucht. Ich kann nicht mehr. Das Leben ist grausam – da kann der Tod nur schön sein."

Frau König hat ein Schädeltrauma und – was noch schmerzlicher ist – ihr Mann ist vor einem Jahr sehr plötzlich in der eigenen Wohnung gestorben.

In ihrer siebzehnjährigen Ehe waren sie ganz aufeinander bezogen.

Nein, Freunde hatten sie keine.

Und nun ist sie mit ihren Schmerzen, den körperlichen und den seelischen, alleine.

Hilfe will sie nicht mehr annehmen.

Immer wieder sagt sie: „Sie können mich nicht davon abbringen, mir das Leben zu nehmen. Ich gehe gerne in den Tod. Mein Mann würde sagen: „Du bist ja noch immer da!"

Und mein verstorbener Vater: „Ich habe dir das Zyankali nicht umsonst hinterlassen."

Zwei Tage später ruft sie mich an und sagt, daß ich sie nicht mehr anrufen oder besuchen soll.

Der Tag ihres Todes sei beschlossen.

Es fällt mir schwer, ihren Entschluß anzunehmen. Fragen

nach dem Sinn, der Verantwortung und Freiheit stellen sich mir wieder einmal ganz intensiv.

Aber ich möchte ihren Willen respektieren und akzeptieren.

Fünf Tage später nimmt sie das Zyankali und stirbt.

Der Wunsch, endlich erlöst zu werden

Der Sohn hatte meinen Besuch gewünscht: Sein Vater pflegt Tag und Nacht die Mutter, die sterbenskrank zu Hause liegt. Die Mutter weiß um ihren Zustand und wünscht sich einen Menschen, mit dem sie über ihre Situation und ihr ersehntes Sterben sprechen kann – aber, der Vater will nichts davon hören. Er geht dann immer aus dem Zimmer und ist tief traurig. Das bringe für alle große Spannungen. Er und seine Schwester können nicht mehr mit ansehen, wie sehr sich beide quälen.

Erster Besuch:
Ich stehe vor einem kleinen Häuschen, das eine lange Verbundenheit zum Stadtteil ausdrückt. – Später erfahre ich, daß die Familie hier schon seit vierzig Jahren wohnt.

Herr Zapf öffnet mir die Tür und führt mich ins Wohnzimmer. Dort liegt seine Frau in einem Krankenbett, das das kleine Wohnzimmer ausfüllt. Sie ist sehr mager und von ihrer Krankheit gezeichnet. Ihr schönes Gesicht zeigt Müdigkeit, aber auch Erwartung. Sie setzt sich auf, was jetzt seit der Morphinbehandlung wieder möglich ist. – Sie erzählt zögernd von ihrem langen Leidensweg, von den vielen Operationen, Bestrahlungen, Chemotherapie und einer Iscador-Behandlung, von der sie annimmt, daß sie ihr eine zeitlang Besserung verschafft hat.

Ihr Wunsch, endlich erlöst zu werden, steht aber bei allem, was sie sagt, im Vordergrund. Ihr Mann, der meist still zuhört, stöhnt – sie solle nicht immer davon reden, sie solle lieber an etwas Schönes denken.

Aber die Frage: „Warum läßt Gott das zu, daß ich so lange leiden muß", durchzieht weiterhin unser Gespräch. Die Frage liegt auch in ihren sehr tief liegenden ausdrucksvollen Augen. Sie macht auf mich den Eindruck, daß sie nur noch wenige Tage zu leben hat.

Ich sollte mich jedoch irren, und ich mußte immer wieder lernen, daß meine inneren Bilder und Vorstellungen vom Sterben eines Menschen wohl ein Schatz von Erfahrungen sind, aber jeder Sterbende seinen eigenen, ganz persönlichen Tod stirbt.

Wir sprechen noch über die bevorstehende Erstkommunion der Enkelin, die Frau Zapf gerne noch miterleben will. Dann wird sie müde, und ich verabschiede mich.

Zweiter Besuch

Frau Zapf ist heute wacher als das letzte Mal und interessiert sich für unsere Arbeit. Sie fragt immer wieder danach, wie es anderen Menschen geht und wie ich diese Arbeit bewältige.

Sie erzählt, daß sie immer für andere da war, aber jetzt könne sie nichts mehr tun. Ich spüre, wie schwer es für sie ist, das zuzulassen und auszuhalten. Sie sieht keinen Sinn in ihrer langen Leidenszeit.

Nachdem ich mich verabschiedet habe, fühle ich mich unsicher – ich konnte nicht deutlich spüren, über was Frau Zapf mit mir sprechen wollte. Es bestand eine Spannung, die ich nicht verstehen konnte.

Zwei Tage später ruft mich der Sohn an. Die Mutter sei von den Gesprächen enttäuscht gewesen.

Auf meine Frage, was sie erwartet haben könnte, erzählt der Sohn, daß sie oft mit Wehmut darüber nachdenken würde, was die Familie wohl tun würde, wenn sie nicht mehr da sei. Sie könne aber mit ihrem Mann wenig über das reden, was sie wirklich beschäftige. Wichtig sei ihr auch, daß sie noch an der Kommunion teilnehmen könne.

Der Anruf des Sohnes erschreckt mich zunächst, und ich frage mich, was ich versäumt habe oder was ich wichtiges überhört habe.

Dritter Besuch
Frau Zapf sitzt im Sessel. Sie wirkt teilnahmslos, ohne Kraft. Als ich sie darauf anspreche, sagt sie, der Tag sei so lang, warum sie denn nicht sterben dürfe, sie sei ja nur eine große Belastung für die anderen. Ich sage ihr, daß es viele Menschen gäbe, die froh seien, daß sie noch da sei. Und daß ihr Dasein vielleicht dadurch einen Sinn habe. Ich würde die Freude und den Dank über ihr Dasein bei den anderen spüren, und auch für mich sei es immer ein besonderer Tag, wenn ich zu ihr ginge. Sie freut sich, lächelt, schaut aber etwas ungläubig, als sie hört, daß sie für andere wichtig sei.

Vierter Besuch
Herr Zapf begrüßt mich auf seine höfliche und scheue Art. Als ich mit seiner Frau alleine bin, sagt sie gleich, daß sie eine so große Belastung für ihren Mann sei. Die Tage sind so langweilig, weil sie kaum noch etwas tun kann. Früher habe sie viele Handarbeiten gemacht. Sie würde so gerne flicken, für die Tochter, aber das alles sei ja nun nicht mehr möglich.

Frau Zapf hofft sehr, in der Kirche an der Kommunion teilnehmen zu können, vielleicht in einem Rollstuhl. Aber was ist, wenn sie da gerade sterbe?

Gott sei ihr in dieser Zeit jetzt gerade sehr nahe. Sie spreche oft mit ihm, hadere aber auch immer wieder mit ihm und frage ihn, warum er dieses lange Leiden zuließe.

Sie erzählt, daß sie so viele unangemeldete Besuche von Nachbarn, Freunden und Verwandten bekommt. Das sei ihr oftmals zuviel.

Auf dem Heimweg begleiten mich Herr und Frau Zapf innerlich. Ich sehe deutlich, welch großer Kontrast zwischen den Eheleuten besteht: der kranke, abgemagerte Körper von Frau Zapf, der in seiner Hinfälligkeit eine ganz eigene Schönheit ausstrahlt. Diese Schönheit, die mit den gewohnten Maßstäben kaum meßbar ist. Herr Zapf wirkt neben ihr mit seiner großen aufrechten Gestalt gesund und lebensstark. Den Leidensweg seiner Frau mit anzusehen, geht oft über seine seelischen Kräfte.

Fünfter Besuch
Herr Zapf hat sich auf meine Bitte hin zu uns gesetzt. Wir sprechen über die Hausarbeit, die er nun tut und über das Essen, daß er mit viel Liebe für sie kocht.

Ich habe ihnen ein Buch mitgebracht, das von der Auseinandersetzung mit dem Sterben handelt. Hinterher frage ich mich, ob ich nicht zu sehr versuche, sie auf die ihr noch geschenkten Tage hinzuweisen.

Sechster Besuch
Sie mag nicht mehr so viel essen, ihr Mann koche so viel, damit sie bei Kräften bleibe, aber sie könne doch gar nicht mehr alles essen. Er schaut traurig, als ich ihn später darauf anspreche.

Ich sitze dann noch lange – auch schweigend mit Frau Zapf zusammen. Ich spüre, wie wichtig es ist, auch uns beiden Zeit zu lassen. Mein Gefühl, immer etwas Hilfreiches tun zu müssen oder zu sagen, schwindet langsam.

Der Sohn ruft an. Der Vater sei krank. Er sorgt sich, daß der Vater zusammenklappt. Ich biete meine Hilfe an, daß ich auch öfter kommen könnte.

Siebter Besuch
Sie wird immer schwächer, liegt im Bett und wartet! Wieder klagt sie, daß ihr Mann so viel koche und sie es gar nicht zu sich nehmen könne.

In zwei Tagen ist die Erstkommunion, aber ich spüre, daß ihr das Dabeisein gar nicht mehr so wichtig ist.

Das Warten! Ich glaubte manchmal, ich müsse ihr die Wartezeit mit Inhalt füllen, müsse etwas tun, um ihr die Zeit erträglicher zu machen.

Achter Besuch
Frau Zapf wird immer schwächer. Sie nimmt aber noch Anteil am Geschehen um sie herum. Die Kommunion am letzten Sonntag lag für sie schon weit in der Ferne. Ein wenig Trauer war spürbar, daß sie nun doch zu schwach war, um dabei zu sein.

Unser Zusammensein ist geprägt von der Frage, warum Gott sie nicht hole. Sie bitte ihn so oft darum, aber er tue es nicht – warum? Wir wissen beide keine Antwort darauf, und für mich war es schwer, das angesichts ihres schmerz- und leidgeprüften Körpers auszuhalten.

Auf ihr Bitte lese ich ihr Texte vor – spreche den 23. Psalm.

Noch nie habe ich die Worte so tief mitempfunden wie in diesem Moment, und sie waren von der Hoffnung begleitet, ihr mit diesen Worten Kraft für die Zeit des Wartens zu geben. Ihre Augen sahen oft in die Ferne, und ich spürte, wie weit weg sie mit den Gedanken war.

Neunter Besuch
Das Warten wird so lang! Beide haben inzwischen miteinander über ihre Wünsche zur Beerdigung gesprochen. Das Leben war schlicht. So soll auch die Beerdigung sein. Herr Zapf fragt mich nach den Bestattungsmöglichkeiten und ob nachts gleich jemand kommen müsse, wenn seine Frau gestorben sei, um sie abzuholen. Ich spüre seine Furcht vor diesem Moment und frage, wen er anrufen könne, wenn es so weit sei. Nachdem sich herausstellt, daß seine Söhne mit ihren Familien in die Ferien fahren werden, fragt er mich, ob er auch mich anrufen könne, was ich bejahe. Ich spüre, daß ich froh bin, daß er um mehr Hilfe fragt, da mich oft das Gefühl begleitet, zu wenig tun zu können.

Sie hat immer mehr Schmerzen im Bauch. Er ist angeschwollen und droht aufzuplatzen. Sie braucht mehr Morphin. Sie wünscht sich, daß der Pfarrer sie wieder einmal besucht.

Der Sohn ruft mich wieder an. Dem Vater gehe es nicht gut, er stehe unter Dauerspannungen, er kann seine Angst und Trauer nicht zulassen. Der Sohn bittet mich, den Vater darauf anzusprechen.

Zehnter Besuch
Sie begrüßt mich lächelnd – seit langer Zeit wieder das erste Mal. Sie wirkt gelöst und gelassen. Das Thema Essen ist immer noch ein Problem, eigentlich möchte sie es nicht mehr. Ich gehe zu ihm in die Küche und spreche mit ihm über das Essen, wie liebevoll er das mache, aber daß sie so wenig davon brauche. „Ich tu es gerne", sagt er. „Was kann ich sonst auch machen? Ich kann ihr ja anders nicht helfen", sagt er traurig.

Ich erzähle ihm von dem Anruf seines Sohnes, daß er sich Sorgen um ihn mache. Herr Zapf kann es kaum glauben – er sei doch nicht krank!

Frau Zapf ist ruhiger geworden. Sie zieht sich immer mehr in sich zurück. Sie möchte einen Psalm hören, und ich lese ihr

„Lobe den Herren, meine Seele" vor. Herr Zapf ist katholisch und ist nicht einverstanden, daß man Gott fürchten soll. Ich versuche, das Wort in andere Bilder und Begriffe zu erweitern.

Zwölfter Besuch
Ein Sohn und die Nachbarin sind da. Alle sind sehr besorgt und liebevoll um Frau Zapf bemüht, und trotzdem spüre ich, daß der Besuch für sie sehr anstrengend ist. Frau Zapf ist nur noch Haut und Knochen, und ihre Haut wird immer dunkler. Sie erzählt, daß sie sich im Spiegel angeschaut hätte und einen Schrecken bekommen habe, wie sie aussehe. Als die Besucher weg sind, sitzen wir noch schweigend zusammen.

Dreizehnter Besuch
Frau Zapf saugt sich Flüssigkeit aus einem Tuch, weint, sagt, daß es zuviel für ihren Mann sei. Der Arzt habe gesagt, sie müsse ins Krankenhaus, weil die Bauchdecke weiter aufgehe. Sie würde es ihrem Mann zuliebe tun wollen, aber er wolle es gar nicht. Er möchte, daß sie bei ihm zuhause ist, und er will alles für sie tun. Ich biete ihnen auch Nachtwachen an.

Einige Tage später ruft mich der Sohn an und fragt, was sie mit der Urlaubsreise machen sollen, die sie schon so lange geplant und gebucht haben. Früher haben sie immer alles getan, was die Mutter sagte. Jetzt müßten sie eine Entscheidung fällen, die vielleicht gegen die Mutter gerichtet ist. Es sei sehr schwierig für sie. Ich bitte ihn zu versuchen, den Dingen ihren Lauf zu lassen, jetzt noch keine Entscheidungen zu treffen, sondern zu warten. Jetzt sei es vielleicht wichtig, innerlich ganz da zu sein, und in den nächsten beiden Wochen, bis der Urlaub beginne, würden sie sicher spüren, was richtig sei.

Frau Zapf starb drei Tage nach diesem Gespräch.

Er bat mich inständig, ihm Gift zu geben

Herrn Maurer kenne ich schon seit vielen Jahren. Heute kam ich mit ihm ins Gespräch über Sterben und Tod. Am Ende des Gesprächs, sagte er mir, daß er mich, wenn es für ihn ans Sterben ginge, gerne bei sich hätte.

Da seine Katze heute sterbenskrank war, war Herr Maurer in einer traurigen Verfassung. Ohne die Katze sei sein Leben sinnlos, er wolle dann auch nicht mehr leben. Er erzählt, daß er sich vom Verein „Humanes Sterben" Unterlagen hat kommen lassen. Er fürchtet sich vor Krankheit, Schmerzen und Tod. Er hatte beim Tod seiner Schwester „Schlimmes" erlebt.

August: Heute fragte Herr Maurer mich, ob ich ihm im „Ernstfall" helfen würde, in Würde seinen eigenen Tod zu bestimmen. Ich bin erschrocken. Auf mein Zögern hin will er es „als vergessen betrachten".

September: Ich erfahre, daß er auf die neurologische Station einer Klinik eingeliefert wurde. Schmerzen und unkontrollierbare Bewegungsanfälle plagen ihn. Diagnose: Gehirntumor – Bestrahlungen – Verzweiflung – Bewegungsunfähigkeit. – Wie kann es weiter gehen?

1. Dezember: Ich habe ihm mehrmals geschrieben, oft telefoniert, heute besucht. Er weint, entschuldigt sich, klagt – entschuldigt sich, plant – verwirft, spricht von Krankenhauskoller. Er will nicht ins Altersheim!

5. Dezember: Herr Maurer wird nach Hause entlassen. Ich telefoniere mit der Tochter, die zurückhaltend ist.

9. Dezember: Herr Maurer hatte vor drei Tagen wieder einen so furchtbaren Krampfanfall, daß er vom Hausarzt in die Klinik eingewiesen wurde. Bei meinem Besuch steht er offenbar unter starken Beruhigungsmitteln, weiß nichts mehr von den vergangenen drei Tagen. Er freut sich über mein Kommen und hält meine Hand.

11. Dezember: Ich mache einen Besuch im Krankenhaus. Er hat Sehnsucht nach Hause. Herbstgedichte fallen ihm ein, Kindheitserinnerungen. Immer wieder gibt es Auseinandersetzungen mit „der Kirche". Beim Abschied umarmen wir uns.

15. Dezember: Er freut sich, als er mich sieht, und spricht unmittelbar von seiner großen Sehnsucht, sterben zu können.

Die Frage bewegt ihn, ob die Bitte darum „Sünde" sei. Er fragt mich nach meiner Meinung darüber.

Er sagt, wieviel Schönes er in seinem Leben gehabt habe, will Abschied nehmen und bedankt sich „für alles, falls wir uns nicht mehr sehen."

26. Dezember: Ich helfe ihm beim Abendbrot. Er ist sehr traurig. Er kann den Gedanken, nie mehr gehen zu können, gar nicht zu Ende denken. Wieder kommt die Sehnsucht, sterben zu dürfen. „Wenn ich sage, ich muß einen Tag um den anderen überstehen, soll das nicht heißen, daß ich am Leben klebe".

2. Januar: Herr Maurer fragt mich, für was denn dieses Leiden gut sei? „Zur Ehre Gottes?" Außer Verzweiflung ist bei ihm auch viel Anklage zu spüren. Er bittet mich inständig, dafür zu sorgen, daß er mehr Beruhigungsmittel bekomme.

5. Januar: Er ist sehr müde, hat Mühe, die Augen zu öffnen und spricht nur sehr leise.

8. und 10. Januar: Es sind nur sehr kurze Besuche bei ihm möglich.

13. Januar: Heute bin ich sehr lange bei ihm, die Sonne scheint wunderbar. Er hält meine Hand und spricht von der Sonne „als Symbol für das Leben".

14. Januar: Mein Besuch heute bei Herrn Maurer war aufregend. Es löste sich die Infusionsnadel und alles verblutete. Herr Maurer war die ganze Zeit sehr ruhig, fast heiter. Er wundert sich selber, daß er sich „über nichts mehr aufregt".

20. Januar: Herr Maurer schläft und wacht auch nicht auf, als ich versuche, ihn anzusprechen.

24. Januar: Heute war es ein langer und bewegender Besuch bei Herrn Maurer. Zunächst hatte ich den Eindruck, er sei ganz verwirrt. Aber bei genauem Hinhören verstand ich sehr gut, was er sagen wollte. Er war sehr unglücklich, er bemerkte, „daß seine Gedanken nicht mehr so geordnet sind, so wie er es haben möchte". Er macht sich Sorgen um seine Tochter, die zur Zeit auch krank ist. Deshalb kann er auch nicht mehr nach Hause, nicht einmal den Wunsch danach äußern. Es sei doch schlimm, daß er nun ein „Dauerpflegefall" werde.

27. Januar: Ich finde Herrn Maurer ganz wach und zufrieden. Er sucht wieder nach einem Sinn seines Leidens. Er ist dankbar, daß es der Tochter wieder besser geht.

29. Januar: Er schläft.

3. Februar: Heute ist er wieder ganz wach und bewußt. Er fragt mich immer wieder, wozu er noch lebt. Er wirkt aber insgesamt gelassener.

5. Februar: Heute ist er einfach zufrieden.

10. Februar: Herr Maurer wurde ins Altenheim verlegt. Heute besuche ich ihn dort zum ersten Mal. Es war erschütternd und schmerzlich für mich. Er hatte Schmerzen, zitterte und weinte. Er bat mich inständig, ihm Gift zu besorgen, er könne es dann alleine nehmen. Schon lange habe ich mich vor dieser Bitte gefürchtet. Jetzt bin ich aufgeregt und traurig, und ich spüre Tränen. Ich will ihm das Gift nicht besorgen, ich kann es ihm nicht geben. Es würde mich mein Leben lang belasten. Ich kann unmöglich sein Leben beenden.

Wir weinen beide, halten uns die Hände und sprechen miteinander. Ich bleibe lange bei ihm. Erst als er wieder ruhiger ist, gehe ich.

Es belastet mich noch zusätzlich, daß er immer wieder starke Schmerzen hat und offenbar zu wenig Schmerzmittel bekommt.

Zu Hause spreche ich mit der Tochter darüber, und sie will erneut mit dem Arzt sprechen.

21. Februar: Heute war Herr Maurer sehr ruhig. Ich gab ihm zu trinken und etwas Obst. Er sprach von vielen Menschen, nannte Namen von Personen, über die er sich freute. Wieder bedankte er sich, daß ich kam. Beim Abschied umarmten wir uns zärtlich: „Wir geben uns immer viel zu wenig Zeichen der Zärtlichkeit". Ich versprach ihm wiederzukommen, sobald ich könne ...

Am ersten März abends starb Herr Maurer.

Die Fäden des Lebens kommen immer mehr in die Sichtbarkeit

Entzogen von den vielen äußeren Eindrücken und Impulsen, denen wir im alltäglichen Leben immer wieder begegnen, die uns aber auch von uns selbst ablenken, kommen dem Sterbenden häufig viele Erinnerungen an sein Leben. In Träumen, im Halbschlaf oder auch in Gesprächen hält er Rückblick auf sein Leben, zieht gleichsam Bilanz.

Wir erfahren in der Begleitung oft, daß der Sterbende gleichsam monologhaft spricht, daß er in uns den Raum finden möchte, sich selbst, seinem Leben, seinen Erinnerungen zu begegnen. Es mag ein Raum der sanft teilnehmenden Stille sein, der es ihm ermöglicht, Erinnerungen in sich aufsteigen zu lassen, die Anwesenheit eines „Du", eines Menschen, in dem er sich selbst begegnen kann. Und dann geschieht es häufig, daß Ordnungen, Muster, Zusammenhänge und Sinnhaftigkeit erkennbar werden, daß alte Dinge sich zueinander fügen und alte Schulden in einem anderen sinngebenden Zusammenhang angenommen werden können.

Manchmal belasten den sterbenden Menschen Schuldgefühle oder Konflikte, die er noch klären möchte. Nicht immer müssen oder können diese Konflikte oder Schuldgefühle gelöst werden. Häufig können alte Wunden heilen, einfach dadurch, daß der Sterbende den Erinnerungen Raum gibt und versucht, sich, sein Verhalten und das des anderen Menschen zu verstehen. Einige Sterbende machen diesen Rückblick in der Stille und ganz für sich allein – anderen wiederum hilft die Anteilnahme und das Verstehen einer anderen Person.

Mutter und Tochter

Die erste Begegnung findet nicht mit der Kranken selbst, sondern mit ihrer Familie statt.

Die Tochter hatte mich am Vorabend angerufen und um ein Gespräch gebeten.

Frau Pelcov, ihre Mutter, sollte gestern am Magen operiert werden, – aber da der Krebs zu weit fortgeschritten war, „machte man sie gleich wieder zu."

Seit einem Jahr hat Frau Pelcov Magenbeschwerden. Ein Jahr mit vielen Arztbesuchen begann. Keiner konnte die Ursache finden. Dann wurde ihr nahegelegt, daß die Beschwerden „psychosomatisch" seien.

Für sie war dieser Verdacht sehr belastend gewesen, bis man schließlich jetzt die Ursache, – Krebs – erkannt hatte.

Die Familie erlebte das Gespräch über ihre Sorgen, ihre Trauer und Ängste als wohltuend und entlastend.

Herr Pelcov kämpfte mit den Tränen. Sie beide hatten dreißig Jahre eine sehr nahe und gute Ehe geführt. Er fragte: „Wie kann ich meiner Frau vermitteln, daß ich es auch alleine schaffe, daß sie sich nicht sorgen muß?" Die Familie möchte es Frau Pelcov ermöglichen, zuhause zu sterben. Ihr Mann hat noch restlichen Urlaub. Die Tochter will sich dann beurlauben lassen.

Ich besuche Frau Pelcov im Krankenhaus. Sie ist eine zierliche, kleine Frau, mit schönen großen Augen. Wir mögen uns beide gleich.

Das ist immer wieder ein Geschenk: dieses Vertrauen, das uns von einem sterbenden Menschen entgegengebracht wird – ohne viele Umstände, spontan, offen und direkt. Im Gespräch hält sie immer wieder meine Hand, dann die Hand ihres Mannes. Es ist viel Liebe und Zuneigung zwischen ihnen.

Eines bedrückt Frau Pelcov noch sehr: Die Beziehung zu ihrer Mutter ist belastend und schwierig. Sie haben sich lange nicht gesehen. Nun hatte die alte Mutter gegenüber ihrem Enkel den Wunsch geäußert, ihre Tochter, Frau Pelcov, noch einmal zu sehen.

Auch Frau Pelcov selber möchte es, hat aber Angst vor dieser Begegnung.

Sie bittet mich, ob ich dabei sein könnte, dann würde sie

sich sicherer fühlen. Ich bin gerne dazu bereit. Wieder staune ich dankbar über dieses Vertrauen. Leider muß ich jedoch am nächsten Tag für eine Woche verreisen.

Ob eine Woche zu lang sein wird?

Die Begegnung von Mutter und Tochter findet dann eine Woche später statt.

Frau Pelcov ist sehr viel schwächer geworden. Sie hat Schmerzen und Durst – aber trinken kann sie nicht mehr – nur noch den Mund spülen. Sie ist zuhause und liegt in dem großen Ehebett.

Viele Tränen werden geweint, es gibt auch Anschuldigungen und den Ausdruck von negativen Gefühlen, aber daneben gibt es ebenso Momente der Versöhnung und der Liebe.

Nach dem Besuch ist Frau Pelcov erleichtert, aber auch ganz erschöpft. Sie steht noch einmal auf, sitzt mit uns im Rollstuhl am Kaffeetisch. Das letztemal, daß sie dazu die Kraft hat.

Ich spreche noch mit dem Ehemann und der Tochter. Es ist nicht selbstverständlich und sehr schön, wie sie sich in dieser Zeit gegenseitig unterstützen. So erleben sie nicht nur Zeiten des Schmerzes, der Trauer, des Abschiednehmens, sondern auch der gelebten Liebe und Zuneigung.

In den nächsten drei Tagen verliert Frau Pelcov immer mehr an Lebenskraft. Die Schmerzen nehmen zu. Sie braucht mehr Schmerzmedikamente, hat weniger Kraft und zieht sich immer mehr von dieser Welt zurück.

Am dritten Abend, kurz vor Mitternacht, löst sie sich ganz von ihrem Körper. Die Kinder und der Ehemann, der neben ihr liegt, sind bei ihr. Kurz bevor sie geht, dreht sich Frau Pelcov zu ihrem Mann, so daß ihr Gesicht in seiner Hand ruht, öffnet die Augen und schaut alle drei mit strahlendem Blick an.

Ein wunderbares letztes Geschenk für die von ihr geliebten Menschen.

Klären, versöhnen und Ruhe finden

Mitte März.

Die Nachbarn haben den Schlüssel, übergeben ihn bereitwillig und vertrauensvoll. Wir betreten die Souterrainwohnung, schließen leise die Tür hinter uns. Aus einem etwas unordentlichen Zimmer lächelt uns eine Frau entgegen.

Das zarte Greisinnengesicht, die schmalen, von Venen gezeichneten Hände liegen oben auf der Bettdecke, unter der ein hochgewölbter Bauch zu ahnen ist. Die Hand streckt sich uns entgegen, wir begrüßen einander, nehmen einander gegenseitig mit dem ersten Blick an, für diese letzte Phase ihres Lebens.

Vertrauen, Ruhe, Gelassenheit strahlt uns entgegen.

Frau Kilian ist fünfundsechzig Jahre alt, alleinstehend und hat seit neunzehn Jahren Krebs. Einstmals war sie freie Journalistin und auch Malerin gewesen. Nun war sie im „Endstadium", – Metastasen in der Leber.

Das ist es, was wir von ihr wissen. In kurzer Zeit werden wir von ihr, und auch sie von uns, sehr viel mehr wissen, anvertrauend erfahren.

„Schauen Sie sich erst einmal um, ziehen Sie alle Schubladen auf, damit Sie wissen, wo alles ist."

Direkt, sachlich, einfach reagiert sie auf uns, die fremden Menschen, die da in ihr Sterben treten.

Sie ist inzwischen gewohnt, mit fremden Menschen umzugehen, dem Menschlichen zu vertrauen, Hilfe anzunehmen und zuzulassen. In den letzten Monaten hatte sich eine kleine Gemeinschaft von Menschen, Frauen aus der Nachbarschaft, zusammengefunden, um das Nötigste zu übernehmen.

Frau Kilian möchte, obgleich sie alleinstehend ist und keine Verwandten mehr da sind, zuhause sterben.

Ein warmes Süppchen zum Abendessen. Aus ihrem Bett gibt sie genaue Kochanweisungen: Brühwürfel, Haferflocken, ein klein wenig von der übrig gebliebenen Zuccini.

Es gehen Fragen hin und her, durch die geöffnete Tür zum Bett hin und zur Küche. Wunderbar selbstverständlich, so einander nah und vertraut zu werden.

Beim Löffeln der Suppe, die ihr gut schmeckt, stellt sie die Frage, warum es denn wohl so lange ginge mit dem Sterben. Die Frage ist ohne innere Unruhe oder Auflehnung gestellt, mit der gleichen Stimme, wie kurz zuvor die Bemerkung, es müßten noch Himbeeren im Kühlschrank sein. „Ja, mit Yoghurt möge sie sie."

Auf die Frage, ob sie Schmerzen habe, antwortet sie mit ein wenig Zögern in der Stimme, so als fühle sie in den teilweise fernen Körper zurück: es sei erträglich, sie nähme drei mal täglich Morphin.

Das Denken ginge so langsam, ach, alles sei nun viel langsamer, und das verstünden die Menschen von draußen nicht, die hätten es alle so eilig, und sie frage manchmal einen von diesen „Eiligen", warum sie denn so hetzten.

Ich empfinde, daß die Worte von Sterbenden oft einen viel „tieferen Hall" haben, sie sind häufig viel wahrer als die unseren, die wir so oft auch an der Wahrheit vorüberhetzen.

Im Nebenzimmer stehen einige Blumensträuße, die wohl liebevolle Besucher mitbrachten. Ich trage sie in die Küche, wechsle das Wasser und sortiere die verwelkten für den Mülleimer aus. In der Nähe der siechen Kranken bekommen viele winzige Einzelheiten, Alltäglichkeiten plötzlich eine unvermutete Tiefe. Ich denke beim Richten der welken Blumen an den Leib von Frau Kilian, der unaufhaltsam dem Verfall entgegengeht.

Schmerz der Vergänglichkeit durchzieht mich für Augenblicke. Auf dem Weg zurück ins Wohnzimmer gehe ich an ihrem Bett vorbei und frage, ob sie einmal an dem schweren Duft der Hyazinthen riechen möchte. Während das Blumenwasser ein klein wenig auf ihr Bett tröpfelt, schaut sie mich versonnen an, nachdem sie den Geruch tief in sich gesogen hat sagt sie: „Welches Abendmahl! Es gibt ja nichts, das man in einem Abendmahl nicht tun könnte."

Der Satz ist von einem unergründlichen Lächeln begleitet.

Frau Kilian hatte geäußert, daß sie gerne jemanden ruhigen zu ihrer Begleitung möchte, jemanden, der nicht so viel redet. Immer wieder erinnern wir uns daran, überprüfen uns. Aber schon nach einer Stunde entspannen wir uns, fühlen uns ruhig und gut.

Wie schnell können sich Menschen nahe kommen, wie wenig steht eigentlich zwischen ihnen.

Es ist Abend geworden. Die Rolläden wurden heruntergelassen. Wir sitzen am Bett. Es fließt eine ruhige, lebendige Unterhaltung. Frau Kilian erzählt von sich, wie das war, als die

Brust abgenommen worden war. „Ja, ja", sagt sie versonnen, „ich habe mich dann schon neunzehn Jahre lang mit meinem Körper angefreundet ... und ihr, meine lieben Hände, habt so viel für mich getan ...", dabei streichelt sie sich selber, die feinen, transparent gewordenen Hände.

Der von der Krankheit so gezeichnete Körper wird unruhig. Es ist zu heiß unter dem dicken Federbett. Die abgemagerten Beinchen kommen ans Kühle. Ja, die stürben langsam ab, bemerkt sie, sie könne es jeden Tag ein bißchen mehr fühlen. Die Frage ist nahe, liegt in der Luft: „haben Sie Angst vor dem Sterben?"

„Nein, nein" kommt es lächelnd, im Gegenteil, sagt sie und fährt fort: „ich glaube, daß nur der Körper stirbt, ich bin davon fest überzeugt, der Geist, der geht ..." Es folgt wieder ein Sinnen, so als verfolge sie im Innern die Reise des Geistes, um es zu beschreiben.

„Ach wissen Sie, ich denke, das ist alles so geordnet ... ich möchte gerne, daß mein Geist zu den Sternen geht, zu den fernen, winzigen Sternen ... ich schaue oft nachts an den Himmel, das sind ja so viele ...!"

In diesen wenigen Stunden ist so viel gesagt worden; es ist genug gesagt worden, das fühlen wir deutlich. Sie legt sich schlafen. Wir setzen uns noch ein wenig still auf zwei Stühle, schließen die Augen. So hatte sie es sich gewünscht: „Bleiben Sie einfach noch ein bißchen still da, bis ich eingeschlafen bin."

Wunderbares Schweigen, die Zeit erfüllt sich mit ihrem ruhigen Atem.

Leise wecken wir sie noch einmal, fragen, ob alles zur Nacht da sei. Sie lächelt zufrieden. Wir geben noch einen zärtlichen „Gute-Nacht-Kuß" auf die schönen Hände, im Dunkeln sehe ich Tränen in ihren Augen, Tränen der Dankbarkeit. Wir ziehen leise die Wohnungstür hinter uns zu.

Ja, wir kommen wieder, morgen sehen wir uns wieder.

Lebensstationen, Frau Kilian erzählt: Vierzehn Jahre lang hat sie ihre Mutter tagsüber gepflegt, nachts hat sie Artikel geschrieben. Heute ist Frau Kilian Sozialhilfeempfängerin.

Heute liegt Frau Kilian versöhnt im Bett, kann nicht fassen, wie viel Liebe ihr von Menschen entgegenkommt.

Die Bettdecke wird zurückgeschlagen. Frau Kilian hatte vorher mit einem fragenden Blick gesagt: „Sie können doch etwas aushalten? Ich kann Ihnen meinen Bauch zeigen?" Dabei hatte sie gelacht und gesagt: „wie eine Schwangere komme ich mir vor, aber er spannt so! Nein, Kinder habe ich keine gehabt, ich wollte auch keine. Wissen Sie, der Krieg war ja gerade vorüber."

Ich lege behutsam, aber doch fest meine beiden Hände über die Wölbung des Bauches. Beide erleben wir miteinander diese Festigkeit und Glätte des gespannten Leibes. Die Haut ist stark gelblich gefärbt. In diesem Augenblick empfinde ich sogar etwas von der Schönheit, die ein gezeichneter Körper haben kann. Die Liebe zum Leben, das zärtliche Mitgefühl, läßt uns beide für ein paar zeitlose Momente diesen duldenden Körper streicheln.

19. März

„Ach, heute ist mir einfach traurig zumute", das ist ihre Antwort auf unsere Begrüßung. Es ist nicht etwas Besonderes, das sie betrauert, nein, sie formuliert es selber so, ein wenig nach den rechten Worten suchend: „Ich glaube, ich habe jetzt meine Trauerzeit."

„Ja", etwas Schönes habe sie am Wochenende erlebt... „Na, ja, schön?"... sie lächelt... „doch es war schön.." ich habe weinen können, so richtig weinen, in den Armen von jemandem."

Auch heute Abend ist „Trauertag", und ein wenig vielleicht auch „Bittertag" und „Fragetag".

„Warum kann ich noch nicht sterben?"

Dabei fällt mir auf, jedesmal, wenn ich zu ihr komme, ist ein „anderer Tag", keiner ist wie ein vorangegangener, es liegt wie eine Melodie über diesem heutigen, wie ein Thema, daß dann wohl gerade gelebt sein will.

Heute wird geordnet, Schuld und Schulden bedacht, es gibt Dinge, die nicht in Ruhe lassen, die noch nicht gehen lassen...

Bei ihrem Abendsüppchen bleibt der Löffel immer wieder schwebend über dem Tellerrand, weil die Gedanken und die zu formulierenden Worte, die Aufmerksamkeit in die vergangenen Nächte ziehen.

Sie sei dann in einer Art Gegenwelt, beschreibt sie. Wir

verstehen erst nicht so recht, langsam läßt sich ahnen, was sie des Nachts erfährt.

Es sei nicht schön, da seien so Gesichter oder Fratzen, die seien hämisch und würden lachen und ihr bedeuten, daß das mit dem Geld doch so sei ..., daß es wichtig sei und glücklich mache und so „kapitalistisches Zeug“, faßt sie zusammen.

Beim Ordnen und Räumen kommen wir an eine Tüte mit Reproduktionen von Bildern. Ich betrachte die zauberhaften, phantasievollen kleinen Bilder. Was wird aus ihnen werden? Die innere Welt eines Menschen, sein ihm gehöriges inneres Reich, seine Phantasie. Sie schuf sich eine eigenständige Bilderwelt, eine Welt jenseits der Realität des Alltags, die sie vielleicht manchmal nicht mehr ertragen mochte. Sie erzählt, sie habe in ihrem späteren Leben tagsüber geschlafen und nachts, wenn alle Anderen schliefen, gemalt und gezeichnet.

Nachdenklich und traurig gehe ich der Frage nach, was denn aus diesen Dingen wird, die wir zurücklassen und die uns einmal so lieb und wichtig waren.

Frau Kilian denkt darüber nach, wie man die Zeichnungen vielleicht noch umsetzen kann, auf einem Basar verkaufen ... und das Geld dann Sozialhilfeempfängern zu Gute kommen lassen.

„Vielleicht für ein bißchen Luxus“... sie lächelt vor sich hin. Nun ist für heute genug gearbeitet. Es folgt unser Ritual des Abends. Mit einem wohlduftenden Körperöl reiben wir ihr den Körper ein. Die Füße, die ausgedörrten Beine, das wundgelegene, dünnhäutige Gesäß, die Arme und zum Schluß das Gesicht, das sie ganz besonders genießen kann.

Aus dem Einreiben wird ein Streicheln. Auch wir haben die Augen geschlossen und genießen das Strömen von Liebe und Zärtlichkeit. Immer leiser wird das Streicheln, bis die Hände ruhig liegen bleiben in einer stillen Zwiesprache.

Von diesem Zeitpunkt an gehen wir nicht mehr zu zweit zu Frau Kilian. Wir wechseln uns ein- über das andere Mal ab.

21. März

Wie an einem zerschlissenen Teppich kommen die Fäden des Lebens immer deutlicher in die Sichtbarkeit. Es steht nichts Drängendes dahinter, es sind die Worte, die Bilder, die im wachsenden Vertrautsein in die Dämmerung und Abendstille fallen.

„Mein Dasein jetzt, diese Zwischendimension", sagt sie, „die heißt – Aufarbeiten und Klären, abschließen und Ruhe finden."

„Herr, laß mich nicht aus Deiner Gnade fallen, das war das Gebet einer Vierjährigen, das ist es heute noch. Mehr bedarfs eigentlich nicht."

„Heute habe ich erkannt, daß mein Partner der liebste Mensch der Welt war", sagt sie heute ganz strahlend und wie erlöst.

„Wissen Sie, als ich schon krank war, ich war ja eigentlich nur noch eine Frau mit Krebs, da hat er eingekauft und gekocht und alles sauber gehalten, und dann haben wir auch noch gesprochen. Wenn ich daran denke, schäme ich mich heute. Ich habe so viel verlangt von ihm, zu viel, wollte immer noch anderes. Ich habe zu viel gefordert, ich hätte ihn mehr nehmen sollen wie er war, er konnte ja gar nicht anders.

Er starb vor fünf Jahren in einem Pflegeheim. Es war gut, daß er vor mir starb, er war der verletzlichere von uns Beiden."

Wird auch hier eine Wunde geschlossen, die lange offen war?

Manchmal nachts, da habe ich das Gefühl, daß er da ist, ganz nah. Ich weiß nicht, vielleicht ist es auch ein Traum... Sie sinnt nach: „Ach, es ist auch egal, vielleicht ist da gar kein so großer Unterschied."

Gedankenverloren fährt sie fort: „Da zupft er mich".

Auf meine Frage, wie das denn zu verstehen sei, beschreibt sie, indem sie mit ihrer Hand im Abstand von ungefähr fünf Zentimetern über ihren Körper streicht: „das ist so, als wenn er mich da berührte, aber nicht direkt auf dem Körper, – und ich sage – hallo, bist du mein Engel?"

Das heutige Vergnügen besteht im abendlichen Zähneputzen und Händewaschen. Wie ein Kind und doch auch wieder mit der Reife eines leidenden Menschen, planschen ihre Hände in der Schüssel mit warmem Wasser. Sie freut sich an dem herben Duft ihrer Lieblingsseife.

„Wie einfach es ist, glücklich zu sein," sagt sie.

Und ich lächle dankbar, als ich nach längerer Zeit das Wasser forttrage.

26. März
Das nun schon so vertraute Gesicht verändert sich von Tag zu Tag. Ich sehe sie jedesmal neu und bewegt, mein Blick tastet über ihre Züge, erkennt neue Vertiefungen des bisher gekannten Menschen. Das Gesicht wird in seiner Zeichnung ernster, aber auch wesentlicher. Es scheint, als fiele alles nicht so Bedeutsame immer mehr ab.

Heute ist die starke Gelbfärbung ihres Körpers nun auch in ihre Augen gezogen. Aber im Erkennen meiner Person wird sie lebendig wie in den Tagen zuvor.

Heute stehen zwei Sorgen, ja Ängste, die sich langsam im Gespräch herausschälen, im Mittelpunkt.

„Ich habe damals schon zu meinem Freund gesagt, vor vielen Jahren war das, daß ich – mit den Füßen zuerst – diese Wohnung verlassen möchte."

Sechsundzwanzig Jahre bewohnt sie diese Dreizimmerwohnung. Sie liebt die Gegend, in der sie so lange lebte, liebt den Blick aus ihrem Fenster. All das ist ihr Heimat und Geborgenheit. Sie hatte in ihrer Jugend Berlin verlassen müssen und dann Thüringen im Krieg und später dann die Notunterkunft in Bayern. Sie hatte viel mitgemacht. Nein sie wolle nun nicht mehr fort aus ihrer Wohnung, sie wolle nicht in ein Krankenhaus, und sie hoffe, daß sie es schaffen werde ...

In ihren Worten kann ich Sorgen und Ängste spüren. Die Angst, daß man über sie verfügen werde, aus irgendwelchen technischen oder medizinischen Gründen. Wir sprechen darüber, ruhig und lange.

Ich versichere ihr, daß wir alles tun werden, daß das nicht geschieht. Ob ich sie beruhigen kann, ob ich ihr wirklich ihre Sorge nehmen kann, weiß ich nicht.

Die andere Angst, über die sie heute sprechen möchte, hat ihre Wurzeln in einer vergangenen Lebensphase. „Die Angst vor der Klappsmühle", wie sie es nennt. Frau Kilian hatte einmal einen Aufenthalt in einer psychatrischen Abteilung gehabt. Sie ist damals „ruhig gestellt" worden und hat das sehr belastend in Erinnerung.

Gegenwärtig nimmt sie wahr, daß sich ihre Sprache verlangsamt und manchmal verwirrt. Die Sätze kommen nicht mehr immer in der gewohnten geordneten Weise. Sie führt das auf die Einnahme des Morphin zurück, das sie sowieso halb annehmend und halb ablehnend einnimmt.

Sie möchte so gerne so lange wie möglich klar bleiben, den Tod bewußt erleben!

Wir gehen im Gespräch der Sprachveränderung nach, untersuchen sie, stellen fest, daß es sich vorwiegend um eine Verlangsamung des Denkens und Sprechens handelt. In dieser Verlangsamung ist dann eben der Anfang des begonnenen Satzes schon wieder entfallen.

Ich sage ihr, daß das, was sie sagt, von einem aufmerksamen Zuhörer verstanden wird, man müsse sich nur auf sie und die Verlangsamung einstellen.

Ich kann spüren, daß dieses Gespräch die tief verwurzelte Angst hat nehmen können. Ich bin froh und dankbar darüber.

Heute lassen wir das Dämmerlicht länger durch die geöffneten Fenster herein als sonst und genießen gemeinsam das langsame Dunkelwerden.

Ich erzähle aus meiner eigenen Kindheit, wie ich um diese Tageszeit oft mit meiner Mutter „schmuste". „Ja, das Schmusen", nimmt sie meine Erzählung auf und die Tränen kommen ihr. Nach langem Nachsinnen sagt sie langsam und traurig: „Ja, es hat wohl zu wenig Zärtlichkeit in meinem Leben gegeben. Meine Kindheit war karg. Nein, meine Mutter hat mit mir nicht geschmust, – sie wußte es nicht –", setzte sie liebevoll erklärend dazu.

„Mein Vater ... der hatte viel zu arbeiten ..."

Die Gedanken tasten das Leben auf der Suche nach erinnerbarer Zärtlichkeit ab.

„Meinem Freund habe ich es beigebracht, er konnte das auch nicht, ja, der war dann schon zärtlich, aber ..."

Der Satz bleibt in der Schwebe, mit diesem – aber –. Wir gehen ihm beide nicht mehr nach!

„Und jetzt hole ich es wohl nach ...," sagt sie lächelnd ... und vielleicht etwas beschämt.

„Und dann, wenn ich wirklich genug davon bekommen habe ... dann, dann gehe ich."

Während sie das sagt, streichelt sie liebevoll meine kühlen Hände.

2. April
„Der Bogen ist irgendwie noch nicht vollendet“, ... ihre zarte Hand beschreibt den Bogen eines halben Kreises.

Nach vielen Tagen sehen wir uns wieder. An den Blicken erkennen wir beide, daß wir uns freuen. Es ist stiller geworden zwischen uns, stiller und auch selbstverständlicher. Wir haben ein deutliches Gefühl von dem, was wichtig ist, das noch gesagt werden soll. Das „gute Schweigen“ miteinander, die beredte Stille, wird immer wichtiger.

Wir schonen einander. Ich nehme immer deutlicher wahr, daß das Denken, das Sprechen in der verständlichen Abfolge mit Mühe verbunden ist. Es ist so viel einfacher, beieinander zu sitzen und die Hand zu halten, und ab und zu formuliert sich ein Satz.

Die Blumen im entfernten Regal formen sich in ihrem Blick zu einer „Zehn“. Eine Zehn ..., ich sinne der Bedeutung nach ... zehn Tage noch?

Die Stille ist nur noch von diesem Gefühl des Einverstandenseins und der Dankbarkeit erfüllt, Geben und Nehmen sind fühlbar Eins geworden.

Der scharfe, schrille Ton der Wohnungsklingel reißt uns beide aus der Versunkenheit. Frau Kilian war über dem wohligen Gefühl eingeschlafen.

Noch kurz bevor ich die Wohnungstür öffne, sagt sie schnell: „Wenn ich so einschlafen könnte ... das wäre so schön!“

9. April
Das Begrüßen ist etwas fremd. Ich war schon seit vier Tagen nicht mehr bei ihr gewesen. Vier Tage sind in dieser Zeit des Sterbens eine lange Zeit. Im ersten Augenblick ist Frau Kilian verwirrt, erkennt mich nicht mehr. Es tut mir weh, aber ich verstehe es. Dann kommt es, daß sie sich erinnert, wer ich bin. Wir schweigen lange miteinander, und dann erzählt sie mir einen Traum.

„Mein Freund und ich sitzen an einer Böschung, und er versucht immer wieder, mich ein wenig hinunter zu schubsen, aber es gelingt ihm nicht. Ich habe Angst davor, Angst zu fallen, große Angst. Dann aber gelingt es ihm doch, indem er mir sagt: – du brauchst keine Angst zu haben –. Ich falle, ich falle auf eine wunderbar weiche Wiese, diese Wiese ist so wunderschön, wie ich es nie erwartet hatte, und von einem Grün, das man sich nicht vorstellen kann, so schön ist es."

10. April
Nun sieht sie noch abgemagerter aus. Sie erkennt mich erst nach einer Weile.

Frau Kilian schläft immer wieder ein.

Sie hätten heute das Abendmahl miteinander eingenommen, und das sei so beglückend für sie gewesen. „Ja, Sie verstehen das, es ist unwahrscheinlich, daß auch Glück zu viel werden kann."

Später fragt sie mich, ob noch jemand im Zimmer sei. Ich verneine, biete ihr aber an, ob es vielleicht jemand aus der „anderen Welt" sein könne. „Ja", sagt sie, „dieser anderen Welt schenken wir viel zu wenig Bedeutung im Leben. Wir sind ja alle so verwickelt in diese Welt."

Gegen Abend sagt sie: „Es wird nun langsam rund..." und ich verstand, daß sie nun bald gehen würde.

Auch heute wieder genießt sie die Massage, läßt sich in die Entspannung und Ruhe führen, die sie in den Schlaf führt.

Ich verabschiede mich von ihr, vielleicht ist es das letzte mal, daß wir uns hier sehen.

Frau Kilian ist am 12. April gestorben.

Am 2. April hatte sie diese Vorstellung, die ihr die Blumen im Regal als Zehn gezeigt hatten.

Nach der Nachricht von ihrem Tod versuche ich immer wieder, mir ihren toten Körper vorzustellen.

Es fällt schwer. Es fällt leichter, sie in einer anderen Welt lebendig zu sehen.

Wie ein Mensch in dieser Zeit in die Tiefe wachsen und wirklich reifen kann

Für manche sterbende Menschen ist die Zeit des Sterbens eine Zeit des Ganz-werdens, eine Zeit, ihr Leben, unabhängig von ihrem Alter, abzurunden.

In den Monaten und Jahren der Krankheit, des Schwächerwerdens haben sie sich mit dem Gedanken, sterben zu müssen, auseinandergesetzt und viele Lebenseinstellungen haben sich gewandelt: So ist ihr Dasein nicht mehr geprägt von dem Gefühl, etwas leisten zu müssen, sondern sie haben gelernt, manchmal sehr schmerzlich gelernt – ihr Leben mit Freude und Dankbarkeit zu leben, gelernt, einen Wert in ihrer Person zu sehen, im Dasein, Anwesendsein und nicht nur in Handlungen und Aktivitäten. Auch wenn ihnen viele Möglichkeiten, am Leben teilzunehmen, durch ihre Krankheit verschlossen sind, sind sie nicht in der Verbitterung, im Schmerz darum stehen geblieben, sondern haben nach neuen Wegen gesucht. Trotz ihrer körperlichen Schwäche und äußeren Hilflosigkeit sind sie sehr wach, offen für das, was ihnen diese Zeit noch an Leben ermöglicht, offen, sich auf Begegnungen einzulassen und am Wesentlichen des Leben teilzunehmen. Einige leben ihre Zeit des Sterbens wie jede Lebensphase, die sie zuvor im Laufe ihres Lebens durchschritten haben.

Anderen wird diese letzte Lebenszeit zu einer Zeit, in der sie mit ganz neuer Intensität und Hingabe eine Vertiefung ihres Lebens und Seins, ihres Fühlens, Denkens und Erfahrens erleben.

Das Sterben ist für sie weniger bedrohlich und beängstigend, sondern sie erleben es eher als ein Heimgehen, als Schwelle zu einer anderen Welt hin – ja, sie sind oftmals sogar neugierig auf das Geheimnis des Todes.

Manchmal lassen wir uns als Begleiter durch die äußere

Hilflosigkeit des erkrankten Menschen verleiten, ihn wie ein Kind zu behandeln, ihn „überzuversorgen", ihm Entscheidungen und Selbstbestimmung ab- bzw. wegzunehmen. Und gerade der sterbende Mensch spürt sehr deutlich, ob wir ihn als Person ernst nehmen und respektieren. Lassen wir uns ganz offen auf die Begegnung mit ihm ein, erkennen ihn in seinem „So-Sein", so nimmt er uns oft mit hinein in diese ganz andere Dimension, in der Zeit sich verliert. Wir werden durch die Reife und den inneren Reichtum des anderen beschenkt.

Eine Brücke bauen

Es war hier alles ganz anders, als ich es aus meinen bisherigen Erfahrungen kannte. Denn schon bei der ersten Begegnung war mir bewußt: *Er* wird der Gebende sein.

Ich ging über den Garten ins Haus, da niemand da war, die Tür zu öffnen.

Die Begegnung war spontan. Sie stand unter einem guten Zeichen. Mein erster Eindruck: Wie stark der Widerspruch zwischen seiner geistigen Wachheit und dem geschwächten körperlichen Zustand war. Abgemagert zum Skelett und nur mühsam mit der Sauerstoffbrille atmend, konnte er sich nur noch in horizontaler Lage halten. Jede Bewegung verursachte unerträgliche Schmerzen infolge der Metastasen, von denen sein Knochengerüst durchsetzt war.

Ungewöhnlich wie dieser Mensch selber war die Geschichte seiner Krankheit. Er hält seinem Krebsleiden schon sechzehn Jahre stand! Diverse Operationen, Rollstuhldasein, Kampf mit und gegen die Ärzte und Therapien waren vorausgegangen.

Diese seine Geschichte war begreiflicherweise der erste Inhalt unseres Gespräches. Mühsam und nur mit Hilfe des Sauerstoffgerätes atmend brachte er Worte hervor. Manchmal wechselte er beim Sprechen in den Telegrammstil über. Seine Anstrengung tat mir weh, aber sich mitzuteilen war ihm ein Bedürfnis.

Im Laufe unseres Vertrautwerdens begannen sich die Gespräche zu vertiefen. Es tauchten viele Lebensbilder auf, die noch einmal betrachtet werden wollten. War es ein Monolog, eine Reflexion mit sich selber, zu der ich ihm nur Spiegel war? Zu anderen Zeiten kreisten seine Gedanken um letzte Fragen. Hier galt es, nicht Rede und Antwort zu stehen, sondern einen Raum zu schaffen für das, was ihn bewegte. Ein verstehender Blickaustausch bewirkte oft mehr als alle Worte.

Herr Olsen war sowohl im naturwissenschaftlich geschulten Denken zuhause als auch in der Beschäftigung mit Fragen, die den jenseitigen Bereich berührten. Anders wäre für mich seine Haltung im Angesicht des Todes nicht erklärbar gewesen. Nur in seltenen Augenblicken war noch Kampf und Widerstand zu spüren, wie z.B. wenn er mich bat, ihm die Hanteln zum Training seiner Armmuskeln zu reichen. Dennoch: er hatte ja gesagt zu seinem Sterben, und der Übergang bedeutete für ihn weniger ein Ende als vielmehr eine Brücke. Eine Brücke, an der zu bauen er in den sechzehn Jahren seiner Krankheit Zeit gehabt hatte.

Die Gesprächspausen, in denen er in einen leichten Schlaf fiel, waren kurz und nie „leer". Die Inhalte der gesprochenen Worte erfüllten noch den Raum.

Auch das äußere Leben spielte immerzu herein, heiteres, unbeschwertes Leben, sei es durch zwei übermütige Katzen, die sich im Baum des Gartens oder um das Bett herum in Sprüngen tummelten, sei es durch die täglichen Besuche eines jungen Nachbarn oder durch das Lichtspiel und den Vogelgesang in den Bäumen vor dem weitgeöffneten Fenster.

Die schwierigste Aufgabe war für mich, den Anforderungen des Kranken in der pflegerischen Betreuung gerecht zu werden, die er mit Geduld, aber äußerster Bestimmtheit stellte und mit großer Genauigkeit nach seinen Angaben befolgt wissen wollte. Wenn mir schon beim Drehen des zerbrechlichen Körpers der Schweiß auf der Stirne stand, so erst recht bei der Bemühung, die vielen Tücher und Kissen in der jeweiligen richtigen Reihenfolge in die jeweils richtige Lage zu bringen. Wie beneidete ich da eine Krankenschwester um ihre wissenden Hände! Ich bewunderte seine Ausdauer und Freundlichkeit bei aller Anstrengung.

Ich wollte gerne wissen, wie er es bloß schaffe, sich immer auf neue Menschen einzustellen, die ihn rund um die Uhr betreuten. Seine Antwort: „Ich bin ein Mensch des Gespräches, der Umgang mit Menschen verschiedener Art ist mir ein Bedürfnis."

Wie konnte jemand mitten im Sterben noch diese Aufmerksamkeit, ja Neugierde anderen Menschen gegenüber aufbringen!

Das bewegendste Erlebnis für mich war, als er die Bitte aussprach, noch einmal stehen zu dürfen. Er bat mich, den Körper mit Gurten ans Bett anzuschnallen, damit er das Bett mittels Knopfdruck in die senkrechte Lage bringen könne. Die Entschiedenheit der Bitte ließ kein Zögern zu. Nie werde ich sein Hochgefühl vergessen, als er sich noch einmal in die Vertikale aufschwang.

Bei meinem letzten Besuch, drei Tage vor seinem Tod, bemerkte ich eine zunehmende Resignation in seinem Wesen. Der Glanz auf seinem Gesicht war umschattet. Der Lebenswille schien zu erlöschen. Selbst das Warten auf den ersehnten Enkel konnte seinen Abschied nicht mehr aufhalten. „Er wolle jetzt gehen", sagte er leise zu mir.

Vertrauensvoll in Gottes Hand zurückgelegt

Mir ist es ein Bedürfnis, von meiner Mutter und ihrer letzten Lebenszeit zu erzählen; von ihrem Schritt über die Schwelle in ein anderes Leben.

Noch stehe ich unter dem Eindruck von etwas wunderbarem, das mich mit Dankbarkeit und Staunen erfüllt und mit einer starken Kraft trägt.

Mutter und ich – wir haben in den letzten Jahren eine große innere Wegstrecke zurückgelegt und dabei auch viel Belastendes abgestreift und zurückgelassen. Bis zuletzt haben wir uns gegenseitig zu unserem inneren Wachstum gebraucht und waren wesentlich füreinander.

In mir war immer wieder von neuem ein Staunen darüber, in welchem Maß ein so betagter Mensch, wie Mutter es zuletzt war, noch in die Tiefe wachsen, sich ändern, immer lebendiger werden, das heißt: wirklich ausreifen kann.

Die Verrichtungen des Alltags zwar begriff sie schon lange nicht mehr. Sie mußte über lange Zeit Tag und Nacht wie ein kleines Kind versorgt werden. Aber ihre Person als solche war wach und offen für alles, was sie existenziell berührte.

Schöne, tiefe Gespräche waren oft noch möglich. Vor allem abends, wenn sie schon im Bett lag, bei unserer regelmäßigen Vorlese- und Gesprächsrunde.

Sie hatte in den letzten vier Jahren noch so viele Inhalte aus der Vergangenheit verarbeitet, daß sich kaum noch ein Widerstand bot, als der Abruf kam. An Mutter habe ich wahrgenommen, das es ein „Vollwerden" des Lebens gibt, bei dem ein Mensch – sobald die „Vollreife" erreicht ist –, eben wie eine reife Frucht vom Baum des Lebens fällt...! Ein vollendetes, gelebtes Leben kann sich lösen.

Mutter hatte sich schon lange Jahre mit dem Gedanken ans Sterben beschäftigt. Schon vor etwa zwanzig Jahren äußerte sie Wünsche für Texte und Gebete bei ihrer Beerdigung.

So zum Beispiel: „Der Vater wird Euch einen anderen Tröster geben, daß er bei Euch sei ewiglich: den Geist der Wahrheit... Er bleibt bei Euch und wird in Euch sein. Ich will Euch nicht als Waisen zurücklassen... Ich lebe und Ihr sollt auch leben... (Johannes 14)

Der Weg bis zum Heimgehen war dann aber noch ein langer für sie gewesen. Wie oft hat sie sich in den letzten paar Jahren, vor allem im vergangenen Jahr, als die Schwäche so schnell zunahm, so daß sie zuletzt kaum noch gehen und stehen konnte und auf den Rollstuhl angewiesen war, gefragt: „Warum bloß muß ich noch hierbleiben? Wann darf ich denn endlich heim?"

Sie mußte wohl – und ich mit – noch einiges zurücklassen, was sie am Heimgehen hinderte...

Trotz aller Schwäche war sie bis zuletzt dem Leben zugewandt. Vielleicht sogar deshalb freier, weil sie mit dem Sterben rechnete?

Mit welcher Offenheit hat sie die vielen Besuche, die hier im Hause aus- und eingehen, aufgenommen. Sie war in dem Maß, als sie es verkraftete, mit Freude und ihren von Mutterwitz erfüllten Bemerkungen dabei. Wie oft hat sie uns zum Lachen gebracht! Und wie oft auch in kritischen Situationen, in denen sie aus Hilflosigkeit aggressiv zu werden drohte, konnte sie plötzlich in ein helles Lachen ausbrechen, vorausgesetzt, daß es uns gelang, sie auf die Komik der Situation aufmerksam zu machen.

Das schönste Fest, das wir noch mit ihr feierten, war ihr eigener Geburtstag im Mai. Ein großer Teil der Familie war beieinander. Freunde kamen noch dazu. Am Vormittag kam unser Gemeindepfarrer. Wir feierten in ihrem Wohnzimmer Abendmahl und waren dann zum Mittagessen alle in unserer schönen Veranda zusammen. Nach ihrem langen Mittagsschlaf wechselten wir uns in ihrem Wohnzimmer zum Kaffeetrinken bei ihr ab. Sie war an diesem Tag ganz rosig angehaucht vor Freude.

Ja, sie war hier im Haus wirklich ins Leben integriert. Ich denke an eine Bemerkung, die sie am Anfang unseres Hierseins machte. Sie hatte überlegt, ob sie, statt hierher mitzuziehen, nicht doch in ein Altersheim gehen sollte. Hier hat sie dann, bei den vielen Tischgesprächen der mancherlei jungen und auch älteren Leute, die offen und wach ihren Weg suchen, eine große Lebendigkeit erlebt. Nach solch einer anregenden Mahlzeit sagte sie: „Und von all dem hätte ich mich ausgeschlossen, wenn ich ins Altersheim gegangen wäre."

Sie hatte Anschluß ans Leben. Bis zuletzt veränderte sie sich noch und reifte.

Es war für sie nicht einfach, hier im Haus, das noch lange eine Baustelle war. Es gab viel Unruhe. Und sie beklagte sich – verständlicherweise – oft darüber. Aber sie klagte auch unverändert weiter über Unruhe und Unordnung, als wir mit allem fertig waren und Ruhe im Haus einkehrte. Als sie das wieder einmal tat, fragte ich sie: „Mutter, keine Spur von Lärm ist mehr im Haus. Kaum noch geht jemand hin und her. Was ist das für eine Unruhe, über die du klagst?"

Stille – Nachdenken. Dann, selbst irgendwie betroffen: „Ich glaube, ich werde mit meiner zunehmenden Hilflosigkeit nicht fertig!"

Bis zuletzt hatte sie es ohne Zweifel schwer damit. Aber: sie hatte von diesem Moment ab ihre Schwierigkeiten an diesem Punkt, ihre Unruhe, nicht mehr nach außen verlagert. Etwas in ihr arbeitete.

Bei allem urwüchsigen Humor, der bis zuletzt immer wieder durchbrach, geriet sie momentweise doch – wie verständlich ist das – wegen der Mühsal ihres täglichen Lebens in ein gewisses Selbstbedauern. Als ich nicht mehr wußte, wie ich ihr dabei helfen könnte, fiel mir eine Begebenheit ein, die ich ziemlich am Anfang meiner Arbeit im Krankenhaus erlebte:

Eine Bäuerin in den besten Jahren – durch ein tragisches Ereignis aus ihrem Alltag gerissen – lag sterbend da. Ihre Familie stand um ihr Bett. Aus jedem schwer gehenden Ausatmen formte sich bei ihr ein „ach". Da sagte schließlich einer der Söhne, ein ganz junger Mann, zu ihr: „Mutter, nicht ‚ach'. Sag ‚Ja'! Du darfst jetzt ausruhen. Gib alles aus der Hand. Sag ‚ja'!"

Nachdem er ihr immer wieder ganz ruhig so zugeredet hatte, wurde das „Ach" langsam zu einem „Ja". Und mit diesem Ja auf den Lippen starb diese Frau. Es war wie ein Wunder.

Und das erzählte ich nun Mutter. Sie hörte sichtlich hellwach zu. Und von diesem Moment an war es möglich, ihr in vielen der folgenden Klage-Situationen die Brücke zu bauen durch ein:

„Mutter, nicht ‚ach', sondern ‚ja'!"

Es war wohl im März, daß ich sie, – die scheinbar ohne Grund – vor sich hinweinte, fragte: „Mutter, du weinst, weil du Angst hast. Was macht dir Angst?" Sie: „Die andere Welt". Ich: „Das Sterben?" Ihr hättet erleben sollen, wie Mutter mit tränennassem Gesicht in schallendes Gelächter ausbrach, das ich verstand als: „Wie kannst du so dumm fragen? Du weißt doch, daß mir der Tod nicht eigentlich Angst macht!"

Es stellte sich heraus, daß sie Angst hatte, ich könnte erkranken und sie müßte dann die Geborgenheit ihres zu Hause mit einem Pflegeheim vertauschen. Ich habe ihr immer wieder versichert, daß ich das äußerste tun würde, ein Pflegeheim oder Krankenhaus für sie zu verhindern.

In den vergangenen Monaten habe ich sie oft in den Arm genommen so etwa zehn Tage vor ihrem Tod. „Bist halt mein Mutterle"- hab ich zu ihr gesagt. Ihre Antwort: „Ach, was für eines! Ich bin nichts mehr wert!"

Ich: „Mutter, du wirst mir einmal sehr fehlen, wenn du nicht mehr da bist. Merkst du nicht, daß ich dich lieb hab, so wie du bist?"

Sie: „Doch, das merk ich. Aber ich mag mich nicht!"

Es war schlimm für sie, ihre Daseinsberechtigung nicht mehr durch Aktivsein beweisen zu können. Sie mußte einen harten Weg zur Annahme ihres So-Seins gehen. Zwei Tage vor ihrem Tod war ich noch bei Freunden, die im vergangenen Jahr einige Tage in unserem Haus gewesen waren und Mutter dabei kennengelernt hatten. Sie sagten mir, Mutter hätte sie so beeindruckt.

Das erzählte ich ihr am nächsten Morgen, worauf sie sagte: „Das ist ja komisch!" Und ich frage sie: „Warum komisch? Schau um dich rum, alle mögen dich. All die jungen Leute, die bei uns aus- und eingehen, deine Kinder, deine Verwandten, so viele Freunde, – alle haben dich gern!"

Sie: „Ja, das ist eigentlich wahr!"

Ich: „Nur einen Menschen gibts, der dich nicht mag. Und das bist du selbst. Weißt du, wenn du dich nicht aus Gottes Hand annehmen kannst, so wie du bist und immer meinst, du müßtest anders sein – wenn du dich selbst nicht magst, kannst du dich auch nicht im Vertrauen in Seine Hand zurücklegen."

Mir schien, als ginge in diesem Augenblick in Mutter etwas ganz tief und weit auf, als ginge in ihr etwas ganz Wesentliches vor.

Keine vierundzwanzig Stunden später hatte sie sich „vertrauensvoll in Gottes Hand zurückgelegt".

Es war sehr auffallend, daß sie sich in ihrer letzten Lebenswoche stark veränderte. Nicht einfach daß sie schwächer wurde: Sie wurde wacher und sensibler. Sie hat zum Beispiel sofort und klar reagiert, wenn unsere liebevollen Äußerungen ihr gegenüber nicht ganz echt waren. Ich entsinne mich, daß ich sie in irgendeiner Situation begütigen wollend übers Haar strich und sagte:

„Ach, Schätzele!" Da wurde sie sehr ärgerlich und fuhr mir über den Mund: „Was soll denn das ‚ach Schätzele'". Mir wurde dadurch der unechte Ton in meiner Äußerung bewußt.

Ich hatte sie als Person nicht ernst genommen.

Auffallend war in den letzten Tagen, daß sie oft mit einem unbeschreiblich verklärten Lächeln dasaß, sehr nach innen gekehrt.

Ich sprach sie mehrere Male in solchen Momenten an: „Mutter, dich freut etwas, was freut dich denn so?" Sie antwortete darauf nie, sah mich aber mit diesem strahlenden Lächeln an... Im Nachhinein ist mir, als sei dies schon ein „Voraus-Schimmer" des „Morgenglanzes der Ewigkeit" gewesen.

Am 15. September frühstückten wir, sie im Rollstuhl sitzend, zusammen mit zwei Gästen in Mutters Wohnzimmer.

Die Gäste gingen. Ich schaltete, wie jeden Sonntag, den Radiogottesdienst ein.

Mit dem „Amen" des Gottesdienstes richtete Mutter ihren Blick nach oben, als ob sie etwas wahrnehmen würde. Ich schaute auch dorthin – sah nichts, fragte, was mit ihr sei – sie reagierte nicht.

Plötzlich ließ ihre Körperspannung vollständig nach. Ich begriff ... Wir legten sie auf ihre Liege. Ich nahm sie in den Arm. Sie schloß die Augen, atmete immer schwächer und war schließlich unter meinem „Vater, in Deine Hände befehle ich mein Leben – ja, Vater, ja ..." einfach entschlafen – ohne jeden Kampf, ohne jede Not.

Wir durften sie noch bis Montagabend bei uns behalten und hatten sie im Schlafzimmer aufgebahrt. Sie lag – völlig unverändert – genauso wie immer, wenn sie schlief, mit rosigen Bäckchen da. Wir meinten immer, ihre Brust würde sich im Atem noch heben und senken.

Mir schien, daß um sie nicht nur ein tiefer, lebendiger Friede, sondern auch ein ganz warmes Licht war. Immer wieder gingen wir zu ihr hinein. Nicht nur um Abschied zu nehmen, sondern um uns von diesem Frieden, von diesem Licht füllen zu lassen.

... und doch immer wieder leben

Es ist das Jahr 1987.

Ich bin in diesem Jahr siebzehn Jahre alt geworden, bin junges Mädchen, Kind und gleichzeitig auch ein erwachsener junger Mensch.

Ich lebe mit meinem Vater, meiner Mutter und meinen beiden Schwestern.

Bei einer routinemäßigen Mammographie stellen die Ärzte Knoten in der Brust meiner Mutter fest. Nach einigen Tagen bekommen wir das Ergebnis einer Gewebeprobe. Der Befund: bösartig.

Die Brust muß amputiert werden. Ich bin einerseits tief erschrocken, andererseits kann ich wohl noch gar nicht fassen, was dies alles wirklich bedeutet.

Fünf Jahre werde ich dich auf deinem Weg der Krankheit und deines Sterbens begleiten – es wird auch mein inneres und äußeres Leben tief prägen.

Heute bin ich dankbar, daß ich die Kraft hatte, in dieser Zeit mit dir zu sein. Ohne die Erfahrung meiner eigenen Erkrankung hätte ich es wohl kaum gekonnt.

Nachdem du dich wieder von der Operation erholt hast, beginnst du mit der Chemotherapie. Ich darf dich zu den ersten Infusionen begleiten. Wir hören Musik, sind still oder lesen gemeinsam.

In der Zeit deiner Erkrankung war es mir immer eine große Hilfe, bei den Untersuchungen dabei sein zu dürfen. Über ein Jahr geht die Chemotherapie. Zwischendurch hast du Zeiten, in denen du dich kräftiger fühlst und wieder arbeitest, dich aber auch schonen mußt. Immer wieder sinken die Leukozyten, und die Haare fallen dir aus.

Nach diesem Jahr Chemotherapie ist erstmal Therapiepause. Wir atmen auf! Bis dann nach einigen Monaten Knoten am Hals festgestellt werden. Sie müssen operiert werden, da die Ärzte befürchten, daß sie auf die Halsschlagader drücken werden.

Traurig willigst du ein, mußt wieder Seminare und Vorträge absagen. Der Satz: „Jedermann weiß, wie nützlich es ist, nützlich zu sein – aber kaum einer weiß, wie nützlich es ist, nutzlos zu sein", hilft dir, die viele Hilfe, die du brauchst, anzunehmen.

Nach dieser Operation beginnst du mit der Hormontherapie. Du verträgst sie gut – neue Hoffnung wächst.

Doch deine Augenerkrankung hat sich durch die Chemotherapie verschlechtert. Du kannst nur noch wenig lesen und nur noch in großer Schrift.

Auch hier wieder: Lernen, auf Hilfe anderer angewiesen zu sein – du, die du anderen in deinem Leben so viel geholfen hattest. Und es wurde dir notwendig, noch mehr Hilfe anzunehmen, da du zusätzlich noch eine Muskelentzündung bekommen hast, also auch in deinen Bewegungen eingeschränkt bist.

In diesem Jahr gibt es immer wieder Zeiten, in denen dir die Erkrankung und die Behandlungen zuviel werden, sie deine Kräfte scheinbar übersteigen. Aber du erfährst auch, daß die Erkrankung dir neue Türen zu dir selbst, zur Natur, zu anderen Menschen hin öffnet.

Antworten suchst du nicht mehr nur in den Wissenschaften, sondern immer mehr in dir und in den Religionen.

Nach anderthalb Jahren treten wieder neue Knoten am Hals und Metastasen an der Wirbelsäule auf. Du beginnst mit den Bestrahlungen, die dein Immunsystem jedoch angreifen.

Zur Weihnachtszeit hast du durch eine Gürtelrose starke Schmerzen. Wir denken, daß du bald sterben wirst. Du liegst im Ehebett, und wir sind alle um dich, nehmen mit Tränen, aber auch mit Dankbarkeit, Abschied. Du besprichst jedem von uns noch einmal eine Kassette, die uns auf unserem Weg begleiten soll.

Doch nach einigen Tagen, geht es dir langsam etwas besser. Noch ist es nicht „Deine Zeit". Es fällt dir schwer, wieder „ins Leben zurückzukehren" – Ungewißheit, Zweifel, Fragen und Leere begegnen dir.

Im Frühjahr kannst du noch einmal an einem Seminar leitend teilnehmen. Im Liegen und auf Pflege angewiesen, kannst du durch dein Dasein und deine geistige Präsenz andere beschenken. Eine kostbare Erfahrung für dich, aber auch für alle Teilnehmer. Ein halbes Jahr später, kurz vor deinem Tod, sagst du, daß du gerne nach dieser erfüllten Zeit gestorben wärst.

Nun beginnt für dich ein halbes Jahr mit vielen Behandlungen, denn Wasser sammelt sich durch Metastasen in der Lunge; du hast Atemnot und mußt immer wieder punktiert werden, damit das Wasser abfließen kann. Du beginnst nochmals mit einer Chemotherapie. Es fällt mir schwer, diesen Entschluß anzunehmen. Mir fehlt die Hoffnung, daß durch sie die Metastasen verdrängt werden sollen.

So bist du zwischendurch immer wieder im Krankenhaus – und bei deiner Entlassung im Juli 1983 wissen wir, daß du zum Sterben nach Hause kommst, daß keine Therapie mehr gemacht wird. Da ich noch im Studium bin, kann ich mir viel Zeit nehmen. Ich tauche mit dir in eine andere Dimension des

Seins ein, die auch schon in dem letzten halben Jahr unseres Zusammenseins oft da war. Obwohl wir wissen, daß wir nur noch wenig Zeit miteinander haben werden, entsteht ein Gefühl der Zeitlosigkeit – vieles wird unwichtig. Einfach nur zusammensein im Schweigen, Erspüren, Teilen von gemeinsamen Erinnerungen, Musik hören, Lesen von Texten, das zählt. – Und wir lachen auch viel und spielen Karten. Im Zusammensein zählt nicht die Dauer, und so gehe ich zwischendurch Schwimmen, Radfahren oder besuche eine Freundin. Viele Freunde von mir haben sich in dieser Zeit zurückgezogen, aber eine kann ich besuchen, mich von ihr auch verwöhnen lassen, und es ist schön, auch mich mal gehen und umsorgen zu lassen.

Du machst es uns leicht, denn du schickst uns auch weg, ermutigst uns, auch für uns zu sorgen. So gehe ich am Abend vor deinem Tod ins Kino, seit langer Zeit zum ersten Mal wieder.

Anfänglich hatte ich deswegen ein merkwürdiges Gefühl, aber ich wußte nicht, daß es dein letzter Abend war. Andererseits konnte es dir auch das Gefühl vermitteln: sie geht ihren Weg, auch wenn ich nicht da bin. Und das weiß ich, war dir wichtig.

In der folgenden Nacht wirst du bewußtlos. Schleim behindert deinen schwer gewordenen Atem. Immer ist einer von uns bei dir – Kerzen brennen – Musik begleitet uns. Du hattest dir das gewünscht und eigentlich auch gewünscht, bewußt zu sterben – aber vielleicht erlebst Du dein Sterben, deinen Übergang am folgenden Abend ganz bewußt – vielleicht erscheint es nur von dem, was wir wahrnehmen können, daß du kein Bewußtsein hast.

Während wir am Bett sitzen, sprechen wir mit dir, sagen, daß wir dich gehen lassen, daß deine Seele den Körper verlassen darf. Ich danke dir auch für dein Dasein. Du warst – nein, du bist mir auch jetzt noch eine gute Mutter, denn auch heute fühle ich mich immer wieder von dir begleitet. Heute habe ich gelernt, auch mir selbst „Mutter" zu sein.

Dein Atem geht schwer und laut – immer wieder muß ich mich erinnern, daß du nicht mehr darunter leidest – bis sich am Abend deine Seele von der Erde löst.

Still ist es im Raum. Wir streicheln dich noch, lassen Erinnerungen nachklingen, bis wir nach einiger Zeit dich waschen und dir deine Lieblingskleider anziehen.

Und dann müssen auch wir von deinem Körper Abschied nehmen.

Mit leeren Händen geliebt zu werden …

An einem strahlenden Sommertag begegnen wir uns das erste Mal.

Es ist schön, dir so nah und vertraut gleich mit deinem Vornamen begegnen zu dürfen.

Die Woche zuvor hatte dein Vater mich gebeten, einmal mit dir zu sprechen. Er machte sich Sorgen um dich.

Und so bin ich beim ersten Besuch etwas unsicher, ob auch du dieses Gespräch möchtest. Doch unsere Begegnung ist gleich sehr intensiv. – Karolin -. Wir sprechen miteinander, als würden wir uns schon lange kennen.

Dein Körper wirkt trotz seines jungen Alters müde und ausgezehrt.

Aber aus deinem Gesicht strahlen mir Augen entgegen, die voller Freude dem Leben zugewandt sind.

Karolin hatte vor zwei Jahren, mit dreiunddreißig, erfahren, daß sie Krebs hat. Zwei Operationen, Chemotherapie und Bestrahlungen hat sie nun schon hinter sich.

Aus deinen Erzählungen kann ich entnehmen, daß du schon viel Leid und Dunkelheit durchschritten hast, aber du hast auch in dieser Zeit gelernt, dein Leben zu leben, zu genießen, dir etwas zu gönnen, ohne es erst mühsam verdienen zu müssen.

Heute geht es Karolin so schlecht – die Schmerzen nehmen ihr die Kraft, leben zu wollen. Sie ist bereit zu gehen.

In der Zeit der Krankheit hast du dich von der Vorstellung eines strafenden Gottes gelöst und hast den „barmherzigen“

Gott erfahren, trotz all der Schmerzen und der Lebensbedrohung.

Dein Satz klingt noch lange in mir nach, du sagtest: „Ich freue mich auf Jesus. Ich bin neugierig, ihm zu begegnen."

Dankbar und bewegt gehe ich von dir. Ich fühle mich durch dich, dein So-Sein, beschenkt.

Bei unserem zweiten Wiedersehen, eine Woche später, fühlt Karolin wieder mehr Lebenskraft in sich. Heute möchte sie nicht sterben, sie möchte leben. In ihrem Bericht schreibt Karolin: „Jeden Tag mit Freude zu erleben, gleichgültig was ich tue, das ist für mich Lebensqualität."

Eine neue Erfahrung in der Erkrankung war für sie, daß es Menschen gab, die sie einfach mochten, so wie sie ist, auch in ihrer Schwäche.

Und doch belastet sie heute der Gedanke, was sie denn ihren Freunden zurückgeben kann.

Ja, das ist vielleicht unser schwierigstes Lernen in der Erkrankung: Hilfe, Freundschaft, Liebe anzunehmen, ohne „Gegenleistung" erbringen zu können, – diese erstaunliche Erfahrung, mit leeren Händen geliebt zu werden. Oft ist unser Herz gerade in dieser Zeit weit offen und unser innerer Reichtum kann fließen, vielleicht schenken wir, indem wir uns öffnen...

Gestern Abend hat Karolin mit ihrem Mann zusammen geweint – geweint darüber, daß ihre Zeit hier so begrenzt sein soll.

Es belastet dich heute die Sorge, was nach deinem Tod für ihn kommen wird, und auch, wie du ihn vorbereiten, ihm helfen kannst. Einen Abschiedsbrief, eigentlich einen Lebensbrief hast du ihm schon geschrieben.

Beim nächsten Besuch ist Karolin im Krankenhaus. Seit vierzehn Tagen kann sie nichts mehr essen, weil alles „verkrebst" ist. Sie hofft, vielleicht durch eine Operation wieder essen zu können, aber die Chance ist gering. Es schmerzt sie ohnehin schon, ihren Körper nicht mehr gesund und aktiv zu spüren, so wenig sinnliches Leben mehr zu haben. Und nun wird ihr auch noch das Essen genommen.

Heute ist sie verzweifelt und hadert mit dem Schicksal. „Warum muß ich so langsam und mühsam sterben?" Fragen, die ohne Antwort bleiben. Karolins Mann, seine Liebe zu ihr, kann ihr ein wenig Halt geben.

Bei einer anderen Begegnung sprichst du Erinnerungen, Gefühle der Kindheit, die dich sehr belasten und beschweren, aus. Hinterher bist du erschöpft, aber auch erleichtert.

Inzwischen ist sie wieder zu Hause, über ein Port-System gut mit Schmerzmedikamenten versorgt. Manchmal ist ihr Bedürfnis zu schmecken so groß, daß sie etwas kaut, riecht, schmeckt und es dann aber wieder ausspucken muß.

Immer wieder hebst du dir Themen für unser gemeinsames Gespräch auf. Heute machst du dir Sorgen, daß sich dein Mann nicht genug Freiraum nimmt, nichts alleine unternimmt. Früher war das anders, und es war ein schwieriges Thema für euch. Damals hattest du manchmal den Eindruck, daß die Arbeit ihm wichtiger sei als euer Zusammensein. Doch die Zeit der Erkrankung, das Bewußtwerden, daß eure gemeinsame Zeit vielleicht begrenzt ist, hat euch sehr nahe zusammengebracht. Wichtig war, daß du lerntest, Bedürfnisse und Wünsche zu äußern.

Einen Monat später geht es Karolin viel schlechter. Sie hat eine Magensonde bekommen. Und dennoch muß sie viel organisieren und regeln. Nur noch ihre Mutter und ihren Mann möchte sie zu dieser Zeit um sich haben. Sie braucht sie so, hat aber Angst, zur Last zu fallen.

Zur Zeit fühlt sie sich eher von ihrem Mann wieder alleine gelassen, er arbeitet wieder viel, und es erinnert sie an alte Wunden.

In einem Gespräch zu Dritt können sie wieder mehr zueinander finden.

Dazwischen habe ich immer wieder lange Gespräche mit deinen Eltern. Sie, die dich, ihr Kind, gehen lassen müssen, brauchen viel Unterstützung. Lieber würden sie wohl ihr eigenes, schon länger gelebtes Leben geben, als Karolin sterben zu sehen.

Du bekommst Fieber, Tumorfieber. Manchmal bist du ganz klar, dann wieder bist du in einer ganz anderen Wirklichkeit.

Als ich dich das nächste Mal besuche, am Tag deines Sterbens, liegst du im Koma. Ich spreche lange mit deinen Eltern und dann auch mit deinem Mann. Er weint sehr, es schmerzt ihn so sehr, dich gehen zu lassen, bald schon dich nie wieder sprechen und spüren zu dürfen.

Er nimmt schmerzlich Abschied von dir.

Dann setzen wir uns zu dir, lesen dir deine Stellen aus der Bibel vor, beten.

Als ich gehen muß, fällt mir der Abschied von dir sehr schwer.

Am Abend ruft mich ihr Vater an: sie ist gestorben.

Die Gedanken, die auf deiner Traueranzeige stehen, begleiten mich noch lange:

Es wird ein Sonnenaufgang sein,
wenn das Boot unseres Lebens
landet am anderen Ufer.
Der Herr wird dort stehen,
und er wird auf uns warten.
Und alles wird münden
in diesen Hafen des Friedens,
wo wir ihm übergeben
was immer wir sind.

Wachen und begleiten

Manche Begleitungen sind ganz still. Unsere Hilfe besteht mehr im Zuhören, mit unserer ganzen Person anwesend zu sein oder auch im gemeinsamen Schweigen. Wir begleiten, indem wir mit dem anderen im Weinen, Lachen oder Stillsein sind. Wir schaffen in uns einen offenen Raum für den Anderen – teilen Lebenszeit mit ihm, sind offen, ihn auf seinem Weg zu begleiten, lassen uns von ihm leiten – ohne seinen ganz eigenen Prozeß zu stören oder in einer bestimmen Richtung beeinflussen zu wollen. Es ist eine Verbundenheit da, die weniger über die Worte entstanden ist, sondern vielmehr im inneren Kontakt, in der Begegnung der Augen, im Schweigen, im Wachen, im Verstehen von verschlüsselten Botschaften und Symbolen.

Gerade wenn der sterbende Mensch nicht mehr sprechen kann oder im Koma liegt, können wir ihn durch unseren Atem begleiten, indem wir unseren Atem dem seinen anpassen. Dadurch entsteht eine tiefe Verbundenheit. Im gemeinsamen Atmen kann es uns möglich werden zu spüren, wie und was der andere empfindet, und unsere innere Einstellung kann sich auf den sterbenden Menschen übertragen. Wichtig ist, daß wir selber ruhig sind und nicht eine bestimmte Veränderung bei dem Anderen bewirken wollen, von der wir meinen, daß sie gut und richtig für ihn wäre. Wir müssen uns immer wieder prüfen, ob wir wirklich ohne Erwartungen Liebe und Verständnis für diesen Menschen, so wie er jetzt ist, in uns tragen.

Während dieser Wachen können wir dem sterbenden Menschen durch viele kleine Handreichungen Erleichterung verschaffen: Kissen aufrichten oder ausschütteln, Lippen befeuchten, die Stirn kühlen oder die Füße wärmen, vielleicht ihm ein Gefühl der Sicherheit vermitteln, indem wir ihn sanft berühren, unsere Hand still auflegen …

Zu diesem Begleiten und Wachen gehört für viele auch, sich von dem toten Körper zu verabschieden, vielleicht indem sie den vertrauten Körper noch ein letztes Mal waschen oder indem sie einfach noch bei dem verlassenen Körper wachen, vielleicht Erinnerungen austauschen, Gebete lesen oder in der Stille den Verstorbenen auf seinen für uns nun unsichtbaren Weg begleiten.

Das erste Mal …

Jetzt stand ich vor der Tür – und auf einmal merkte ich, wie mir die Knie weich wurden, die Hände feucht, am ganzen Körper innerlich zitternd, dachte ich: jetzt gehst du hier zu einem Menschen, der dir völlig fremd ist, willst ihn auf seinem letzten Weg begleiten und glaubst noch, das sei etwas ganz Tolles. Will dieser Mensch das denn überhaupt? Will er mich und wenn nicht, was dann? Ich stand leer und hohl und mit einem großen Kribbeln im Bauch vor dieser Tür und holte noch einmal tief Luft.

Herr Paul war Anfang sechzig und hatte Krebs. Er war in vielen Spezialkliniken gewesen, chemotherapiert, operiert, „austherapiert", aber doch noch hoffend, zum Sterben ins Heimatkrankenhaus gekommen. Zwei Jahre vor Ausbruch seiner Krankheit hatte er seine Frau, die an genau der gleichen Krankheit in diesem Haus gestorben ist, begleitet und liebevoll gepflegt.

Er hatte Schmerzen, ihm wurde übel, aber klingeln mochte er nicht, „weil dann die Schwestern immer so viel laufen müssen, und so wichtig sei er ja nicht". Er war ein großer, anscheindend kräftiger Mann, aber die Brechschale konnte er nicht mehr alleine halten, geschweige denn sich aufrichten. Die Perioden des „Schlechtwerdens" kamen immer öfter. Er hatte große Angst – besonders nachts. Da war alles anders. Der Baum, der vor seinem Fenster stand und ihm tagsüber so viel Freude machte, warf im Dunkeln angsterregende Schatten, die Stille war bedrückend, der Schlaf kam nicht, Menschen- und Straßenlärm drang nicht wie tagsüber in sein Zimmer.

Als man Herrn Paul sagte, daß ich zu ihm kommen würde,

um bei ihm zu sein, sagte er sofort zu, obwohl wir uns überhaupt nicht kannten. Wie groß ist die Angst oder wie groß ist das Vertrauen zu Menschen, die sich einfach einander Zeit schenken? Und jetzt ging ich zu ihm ans Bett, begrüßte ihn.

Vieles hat er mir in dieser Nacht erzählt. Anscheinend ganz unwichtige Dinge, wie z.B. der Rostfleck an seinem Auto auf der letzten Urlaubsreise entstanden ist und er nicht mehr dazugekommen ist, ihn wegzumachen. Oder er hat von seiner Zeit im Schützenverein gesprochen, welche Lieder er so gern gesungen hat; zwischendurch hat er immer über die Krankheit und das Sterben seiner Frau gesprochen. Viel später erst ist mir klar geworden, daß er mir von „seinem Sterben" über das Sterben seiner Frau erzählt hat. Aber er hat es nie direkt ausgesprochen. Er hat von „seinem" Krebs und seinen „Metastasen" erzählt, aber nie von seinem Sterben. Ich habe nur zugehört, mit ihm über kleine Begebenheiten gelächelt, bin mit ihm traurig gewesen und habe mit ihm geweint. Mitten im Erzählen schlief er oft für wenige Minuten ein, und wenn er wieder wach wurde, setzte er sinnbildlich ein Komma und machte genau an der Stelle weiter, wo er aufgehört hatte mit Erzählen.

Ich habe gar nicht gewußt, wie lang eine Nacht sein kann. Nein, nicht von der Anstrengung oder der körperlichen Erschöpfung her gesehen, sondern von den Stunden des Miteinander, des sich Nahekommens. Als Herrn Paul das erstemal übel wurde, fragte ich ihn, ob ich denn eine Schwester holen sollte, aber er meinte, wenn es mir nicht ausmachte? Ich hielt ihm die Brechschale und hatte ihn dabei im Arm, diesen großen, starken Mann. Ich wischte ihm den Schweiß von der Stirn und spülte ihm den Mund aus. Ich streichelte seine geröteten Wangen und massierte ihm ganz leicht den Nacken. Als er merkte, daß mir das alles wohl nicht ausmachte, holte er tief Luft und sagte: wir werden diese Nacht zusammen verbringen. Wir wußten beide, daß der Tod schon mit im Raum war. Dadurch, daß ich Herrn Paul im Arm hielt, wenn ihm schlecht war, kam eine große Zärtlichkeit in alle Gesten, und wir gingen zunehmend mehr mit großer Zartheit und Wärme miteinander um. Und das alles in einer Nacht. In einer Nacht läßt mich ein Mensch zu – läßt mich an seinem Leben und seinem Sterben teilhaben – läßt mich zu und nimmt mich an.

Als ich am nächsten Morgen nach Hause fuhr, war in mir

Freude und Glücklichsein über diese letzten Stunden, die wir miteinander verbracht haben.

Am Vormittag rief die Schwester von der Station an, um mir mitzuteilen, daß es Herrn Paul gut ginge. Ihm wäre nicht mehr schlecht, er wäre nicht traurig, er hätte eine gute Nacht gehabt. Er hatte nachgefragt, ob ich denn noch einmal an diesem Abend zu ihm kommen würde. Natürlich sagte ich zu.

An diesem Abend war alles ganz anders. Wir begrüßten uns wie zwei Vertraute. Er hatte alles vorbereitet: Auf dem Tischchen neben dem Bett standen eine Flasche Bier, ein Piccolo und ein Kasten Pralinen mit der Aufschrift: „Vielen Dank".

Die ganze Fürsorge, die ich ihm am Vorabend geschenkt hatte, bekam ich in dieser Nacht zurück. Wir tranken zusammen das Fläschen Bier und einen kleinen Schluck Sekt. Er konnte sein Bier gar nicht mehr schlucken, er spülte den Mund aus – Brechschale – ausspucken – aber mit jedem Schluck, den er genüßlich zu sich nahm, sagte er: „lecker" ... und dann meinte er noch – ich sollte mich bequem hinsetzen, die Beine hochlegen, die Füße mit unter seine Decken und die Wolldecke um meinen Rücken legen, weil „so jung sei ich ja auch nicht mehr", damit ich kein Rheuma bekomme. Wir haben in dieser Nacht nicht mehr viel miteinander gesprochen, er war müde, ich war müde. Ich hielt seine große, warme Hand – oder hielt er meine?

Viel später erst wurde mir klar, daß es unser, sein Abschied war. Es wurde ein sehr leiser Abschied.

Ein paar Wochen ging es ihm wieder einigermaßen gut, aber dann ging alles sehr schnell. Er war nicht mehr ansprechbar und fiel ins Koma.

Ich war die letzte Nacht bei ihm. Ich konnte leise die Lieder summen, die er doch so gern gesungen hat, und ich konnte ein wenig von seiner Frau erzählen. Nicht, daß ich die ganze Nacht erzählt hätte, aber zwischendurch, wenn er unruhig schien, fielen mir diese Dinge alle ein.

Als ich morgens zur üblichen Zeit nach Hause ging, wußte und ahnte ich nicht, daß ich ihn nicht mehr wiedersehen würde. Als man mich anrief und mitteilte, daß er soeben gestorben sei, war ich sprachlos und fast böse auf ihn. Ich dachte: jetzt war ich so lange bei dir, nun stirb gefälligst auch, wenn ich dabei bin – ich wollte dich doch schließlich begleiten.

Viel später erst ist mir klar geworden: Begleiten heißt ein Stück des Weges mitgehen dürfen, vielleicht ein Stück der Angst nehmen dürfen, ein kleines bißchen miteinander aushalten.

Wir lachten so, als wäre sie keine Sterbende

Als ich das erste Mal Frau Knoll zu Hause besuchte, hatte ich Herzklopfen vor der Türe. Ich wußte nur, ich gehe zu einer Frau, die zehn Jahre jünger ist als ich, verheiratet ist, ein Kind hat und deren Lebenszeit sehr begrenzt ist. Sie hatte Krebs.

Nach einer fünfjährigen Krankheitsgeschichte ist Frau Knoll als unheilbar entlassen worden. Alle therapeutischen Möglichkeiten wie Operationen, Chemotherapie und Bestrahlung waren ausgeschöpft. Die Schmerztherapie wurde weitergeführt, sie bekam Morphinpräparate.

Die Familie fühlte sich sehr alleine gelassen. Es war sehr schwer für sie, nichts mehr tun zu können, auszuhalten und auf den Tod zu warten, der ihr für die nächsten Monate vom Arzt angekündigt wurde.

Frau Knoll lernte ich als eine stille sensible Frau kennen. Sie war jung und verletzlich in ihrem Wesen.

Die ersten Monate besuchte ich Frau Knoll einmal wöchentlich, besorgte die Morphinrezepte im Krankenhaus und begleitete sie ab und zu zu Untersuchungen. Ein paar Dinge konnte ich während dieser Zeit einleiten und positiv verändern.

Frau Knoll hatte – bedingt durch ihre vielen verschiedenen Krankenhausaufenthalte – kein persönliches Verhältnis zu ihrem Arzt aufbauen können. Ich konnte ihr einen sehr guten Arzt vermitteln, der sie bis zum Schluß ganz regelmäßig besuchte und wirklich ganzheitlich betreute. Sie war darüber sehr glücklich.

Bevor ihr Sohn Steffen in eine höhere Schule kommen sollte, hatte ich Kontakt mit der Lehrerin aufgenommen, um sie von der belastenden Situation zuhause zu unterrichten. Ich fand sehr viel Verständnis, und die Lehrerin stützte Steffen und ging auf seine Schwierigkeiten ein. Auch ein Platz bei einer Spieltherapeutin konnte vermittelt werden.

Im Sommer letzten Jahres war die Hoffnung, daß die Familie ein paar Tage Ferien zusammen machen könnte. Es wurde vorsichtig geplant, doch leider war der Gesundheitszustand von Frau Knoll so schlecht, daß an keine Reise mehr gedacht werden konnte. Es ergab sich die Gelegenheit, Steffen mit einer Gruppe meiner Kirchengemeinde für zwei Wochen an das Meer zu schicken. In dieser Zeit konnte sich der Mann dann ganz um seine Frau kümmern. Er bemühte sich sehr, all den Aufgaben gerecht zu werden, die an ihn in den letzten Jahren gestellt wurden. Zum einen sein Beruf, zum anderen die Sorge um die sterbende Frau und das Kind, das nicht zu kurz kommen sollte. Es war für mich erstaunlich und bewundernswert, wie er alle Anforderungen in dieser Zeit bewältigte.

Eine Aussage nach dem Tod seiner Frau hat mich besonders beeindruckt und nachdenklich gestimmt. Er sagte: „Die letzten Wochen ihres Lebens gehören zu den schönsten unseres gemeinsamen Lebens". Es war eine intensive Lebenszeit, getragen durch die Fürsorge des Mannes und auch der Mutter. Diese Fürsorge half Frau Knoll, den Sohn zurücklassen zu müssen.

Der Arzt von Frau Knoll hatte ihr empfohlen, Entspannungs- und Visualisierungsübungen zu machen. Er setzte sich mit mir in Verbindung und fragte mich, ob ich solche Übungen mit ihr machen könnte. Nachdem ich Erfahrung mit autogenem Training habe, sagte ich zu. Die letzten Wochen vor ihrem Tod besuchte ich sie zwei Mal in der Woche, und wir „übten" zusammen. Zuerst machten wir Entspannungsübungen und danach einen imaginären Ausflug in die Berge. Mit all ihren Sinnen erlebte sie innerlich die Schönheit der Natur. Frau Knoll freute sich immer sehr auf dieses gemeinsame „Üben", und sie sagte, daß es ihr gut tun würde. Ich glaube, es war das meditative Element in dieser Übung und auch die intensive Zuwendung eines Menschen.

Ich besuchte Frau Knoll sehr gerne. Es entstand ein guter, herzlicher Kontakt zwischen uns wie auch zu ihrer Mutter. Sie mußte das langsame Sterben ihrer Tochter aushalten. Sie kam täglich, kochte für die Familie und besorgte den Haushalt. Alles waren große Belastungen für sie.

Herr Knoll hatte zum Teil andere Vorstellungen von Leben, Krankheit und Tod. Es entstanden dadurch lange und gute Gespräche zwischen uns.

Bei meinen Besuchen bei Frau Knoll wurde auch über das Sterben gesprochen. Wir weinten zusammen, doch die meisten Besuche waren heiter. Immer wieder hatte sie Angst vor Schmerzen und vor dem, was noch auf sie zukommen sollte. Sie empfand Trauer, nicht wirklich gelebt zu haben und auch ihr Kind nicht großziehen zu können. Die Erfahrung, nichts tun zu können, schweigend mit ihr auszuhalten, war oft schwer für mich. Es gab Situationen, wo jeder Trost banal gewesen wäre.

Erstaunlich war, wie sehr sie Anteil an meinem Leben nahm: Ich mußte ihr immer viel erzählen von der Welt draußen. Ich versuchte dabei ehrlich und auch behutsam zu sein. Ich brachte ihr Bücher mit, und sie las sehr viel.

Als ich das letzte Mal bei ihr im Krankenhaus war, hoffte sie, bald wieder nach Hause kommen zu können. Wir machten gemeinsam die Entspannungsübungen, und danach las ich ihr eine Geschichte vor, die besinnlich und heiter zugleich war. Danach lachten wir herzlich miteinander. Nach jedem Besuch machte ich mir Notizen. Der letzte Satz, den ich aufgeschrieben hatte, lautete: „Wir lachten so, als wäre sie keine Sterbende".

Am Tag darauf starb sie. Der Tod kam ganz plötzlich. Sie war alleine, konnte jedoch noch eine Schwester rufen.

Ich habe gelernt, meine Vorstellungen von der Begleitung sterbender Menschen ganz zu revidieren, denn alle Menschen hatten ganz unterschiedliche Bedürfnisse und starben auf ihre ganz persönliche Weise.

Todestag von Frau Knoll. Ich telefoniere mit der Mutter. Fast auf den Tag genau summt Steffen das erste mal wieder alleine in seinem Zimmer eine Melodie.

Die Mutter kommt immer noch täglich und besorgt den Haushalt. Wenn Steffen nach Hause kommt, ist die Großmutter da und vermittelt Wärme und Geborgenheit.

Der Mann hat sich, nachdem er mit seiner Frau den Weg der

Krankheit und des langen Sterbens gegangen war, wieder dem Leben zugewandt.

Nachtwachen

Als ich an das Bett von Else Brand trete, schaut sie mich mit großen, grauen kindlichen Augen staunend an. Unsere Blicke begegnen sich tief, und ich denke: manchmal entscheidet es sich schon im ersten Augenblick.

Nach einem Moment des Staunens ohne Worte schaut sie mich weiterhin an und fragt: „Kommen Sie zu meiner Beerdigung?" Innerlich leicht erschreckt, verwirrt von dieser direkten Ansprache, schüttele ich den Kopf und sage: „Nein, ich komme zu schauen, wie es Ihnen geht ..." Insgeheim habe ich das Gefühl, als sagte ich nicht ganz die Wahrheit.

Erst Tage später werde ich in mir erkennen, daß sie mich wohl ganz direkt gefragt hatte, ob ich zu ihrer Beerdigung kommen würde. Aber auch ihr war sicherlich der tiefste Sinn ihrer Worte verborgen.

Dann verwandelt sich ihr Blick, wird deutlich ängstlich, zagend, und das nächste, was sie sagt, ja klagt ist: „Warum haben sie denn so eine ‚Kleine' geschickt, so eine Kleine ...!" Frau Brandt spricht stark Dialekt, ich muß mich sehr bemühen, ihre leisen Worte zu verstehen, aber sie wiederholt es noch ein paar mal, bis sie am Ende nur noch sagt: „So lieb, aber so klein ...". Dann schließt sie die Augen, wie nach einer großen Anstrengung und als sei nun das Wichtigste gesagt.

Nur wenige, ganz wenig vollständige Sätze werde ich noch aus ihrem Mund hören.

Aber das weiß ich zu diesem Zeitpunkt noch nicht.

Frau Else Brandt liegt in der einen Hälfte eines Ehebettes. An den hellen Wänden sind die Spuren des zweiten Bettes deutlich abgezeichnet. Vor fünfzehn Jahren war ihr Mann gestorben. Sie hatte ihn über viele Jahre der Krankheit gepflegt. Unmittelbar nach seinem Tod war das erste Krebsgeschwulst bei ihr entdeckt worden.

„Wissen Sie", sagt ihre Tochter, „meine Mutter konnte eigentlich erst krank werden, nachdem mein Vater gestorben war...". Sie will damit einen empfundenen Zusammenhang ausdrücken, den sie noch bestärkt, indem sie hinzufügt: „Sie war einfach immer für meinen Vater da, die ganzen Jahre über."

Die Tochter von Frau Brandt lebt nun schon fünfzehn Jahre allein mit ihrer Mutter zusammen. Tagsüber geht sie zur Arbeit; wenn sie nach Hause kommt, ist ihre Mutter da. Ihr Heimkommen wird immer erwartet, oft ungeduldig und später verzweifelt.

Im Gespräch kommen Schuldgefühle, Selbstzweifel und Trauer zum Ausdruck.

„Ich schaffe es manchmal einfach nicht mehr, ich komme aus meinem anstrengenden Berufsalltag und dann geht es hier sofort weiter. Nachts schlafe ich auch schon lange nicht mehr richtig. Und wenn ich schlafe, habe ich das Gefühl, ich lausche hinunter, ob meine Mutter ruft." Aber immer wieder unterbricht sie ihr Erzählen mit Äußerungen, daß sie so unsicher sei, ob sie Hilfe annehmen könne. Ob sie es solle oder ob sie es nicht doch selber zu leisten habe. Sie möchte doch ihre Mutter zuhause lassen.

Frau Brandt, die Tochter, erzählt von ihrer Mutter. Sie sei sozusagen ein medizinisches Wunder, wie die Ärzte sagen. Sie hat im Laufe der Jahre fünf verschiedene, voneinander unabhängige Krebsmanifestationen bekommen. Heute hat Frau Brandt beide Brüste amputiert, keine Schilddrüse mehr, nur noch eine Niere, und der Darm ist vollständig entfernt worden. Nun seien aber die Metastasen da. Vorsichtig taste ich mich im Gespräch zu dem Punkt, der immer wieder so schwierig zu benennen und zu besprechen ist. Weiß sie, daß ihre Mutter sterben wird; wie ich meine bald sterben wird?

Auch hier begegnet mir – wie verständlich – eine vieldeutige Antwort:

„Ich habe meiner Mutter vor vierzehn Tagen gesagt, irgendwann müssen wir ja alle sterben. Ich denke, meine Mutter weiß es. Aber ich hoffe, sie hat noch Zeit." Nach der Zeit vorsichtig befragt, äußert sie verhalten sinnend: „Ach, vielleicht ein halbes Jahr?"

Auf die Frage nach den Schmerzen erfahre ich, daß Frau Brandt es gelernt hat, gut mit Schmerzen umzugehen. Ich glaube das. Ich bin sicher, daß man in fünfzehn Jahren der Krankheit viel lernt, aber ob Frau Brandt jetzt wirklich keine Schmerzen hat, das bezweifle ich. Auf meine Fragen sagt sie mir ein paarmal: „Na ja, es geht, ich kann es aushalten!" Ich frage mich innerlich, was das wohl heißt, und ob es so sein muß und richtig ist.

Alle Viertelstunde ruft sie nach mir. Manchmal ist es Angst, manchmal ist sie verwirrt, manchmal hat sie Schmerzen oder es gibt ein körperliches Problem. Immer wieder fragt sie nach der Zeit. Zwei Uhr sieben und dann ist es erst halb drei ... Der Morgen will und will nicht kommen.

In dieser Nacht gewinnen wir Vertrauen und Zuneigung zueinander. Weniges nur muß gesprochen werden. Wenn ich über ihre angestrengte Stirn streichle, lächelt sie und schließt die Augen. Als es draußen hell zu werden beginnt, kann sie endlich einschlafen.

Ich schaue in den Garten hinaus. Es ist Spätherbst. Ein gelblich weißes, fast durchsichtiges fahles Weinblatt gleitet herab. Ich sehe das Blatt für einen Moment als das Leben von Else Brandt.

In der nächsten Nacht kommen wir zu zweit. Ich kann Frau Brandt nicht länger alleine aus dem tiefen, weichen Bett herausheben und sie aufrichten.

Die Tochter von Frau Brandt ist glücklich und dankbar, daß wir wiederkommen. Sie hat inzwischen die Hilfe akzeptiert und angenommen. Wir werden beide liebevoll empfangen.

In dieser Nacht ruft Frau Brandt nicht mehr. Ich glaube nicht, weil es ihr besser geht, sondern weil sie keine Kraft mehr zum Rufen hat. Es ist nun unsere Sache, so oft nach ihr zu schauen, daß sie nicht hilflos und gequält daliegt. Immer wieder bedankt sie sich für die kleinen Hilfeleistungen. Ein paarmal sehe ich, wie Tränen aus ihren geschlossenen Augen kommen, Tränen der Dankbarkeit, Tränen, die die Wärme und Zärtlichkeit, die wir ihr geben dürfen, beantworten.

Am Morgen, als wir gehen, bitten wir die Tochter eindringlich, sich darum zu bemühen, daß ihre Mutter ein Schmerzmittel bekommt, daß ihr zur Erleichterung ein Katheder gelegt wird und daß ein praktisches Krankenbett geliehen wird. Es will mir scheinen, als konnte sich die Tochter von Frau Brandt nur gegen innere Widerstände hierzu durchringen. Sie bekennt, daß sie mit all diesen Schritten vor sich selber zugeben muß, wie weit die Krankheit ihrer Mutter vorangeschritten ist, daß das Ende näher ist, als sie es wahrhaben möchte und momentan annehmen kann.

Bis ich in drei Tagen wiederkomme, ist der Arzt dagewesen, der Katheder gelegt worden, das neue Bett steht an der Stelle des gewohnten.

Am Telefon sagt mir die Tochter, wie sehr sich der Zustand ihrer Mutter, seit ich da war, verschlechtert hat. In ihrer Stimme höre ich, daß sie es sich auch selbst sagt, sich sagen muß, gegen alle Hoffnung .

Wie gut kann ich sie verstehen. Sie soll sich trennen von einem geliebten Menschen, der ein Leben lang mit ihr gelebt hat. „Wissen Sie", gesteht sie mir in dieser Nacht, „für mich ist das, als würde mein Lebenspartner gehen." Sie spricht davon, daß dann das Haus leer sein wird, wenn sie abends nach Hause kommt.

Auf der Fahrt quer durch die Stadt weiß ich es mit einem Mal ganz deutlich. Dies wird die letzte Nacht von Frau Brandt sein. Für einen Moment überfällt mich Schmerz. Ich bin froh, jetzt einfach alleine im Auto weinen zu können.

Als ich zu ihr ans Bett trete, schläft sie. Sie ist auf das Schmerz- und Schlafmittel hin augenblicklich eingeschlafen. Ihr Atem ist ruhig, aber man spürt ihm an, daß ihr nicht mehr viel Zeit gegeben ist.

Frau Brandt hatte in den letzten Tagen immer wieder nach mir gefragt, wann ich denn käme.

Ihre Tochter legt sich dankbar schlafen. Sie hat das Gefühl, daß es ihrer Mutter besser ginge, seit sie das Schmerzmittel bekommen habe. Auch ich denke, daß sie nun ruhiger und entspannter aussieht.

Auch diese Nacht wird ruhig. Immer wieder trete ich leise ans Bett, höre auf den Atem. Vor ein paar Tagen hatte Frau Brandt ihren Vater und ihre Mutter, die vor langer Zeit starben, dort hinten in der Zimmerecke sitzen sehen. Ob sie nun bei ihr waren? Gegen zwei Uhr schlafe ich ein. Kurz vor vier wache ich plötzlich auf als folgte ich einem inneren Rufen. Ich gehe schnell hinüber zu Frau Brandt. Sie liegt ruhig wie zuvor da, aber in der Art, wie ihr Atem kommt und geht, kann ich hören, daß sie ihren Weg fort aus dem Körper begonnen hat.

Einige Augenblicke der Unentschlossenheit ergreifen mich. Soll ich ihre Tochter jetzt wecken? Ist es noch zu früh? Sie wird morgen einen anstrengenden Tag haben! Möchte sie diese Zeit hier am Bett warten? Ich setze mich neben Frau Brandt ans Bett, begleite sie innerlich, still zugeneigt, Minute um Minute. Ich bitte um Hilfe, ich versuche, mich selbst in der rechten Weise einzustimmen. Ich habe das Gefühl, daß ein großes Geschehen den Raum erfüllt.

Mit einem Mal weiß ich es. Jetzt ist der Augenblick, ihre Tochter zu wecken und mit ihr hierher zu kommen, an das Sterbebett ihrer Mutter.

Als ich sie wecke, erschrickt sie, will nicht wahrhaben. Am Bett ihrer Mutter stehend sagt sie: „Nein, ich kann es nicht glauben, noch nicht!" Sie schaut ihre Mutter an, will sie wekken, ruft, will nicht zulassen, daß sie gehen wird.

Zeit vergeht. Zeit einer Sterbenden. Eine kostbare Zeit, eine Zeit von ganz anderer Qualität wie die Lebenszeit.

Zeit, die zwar unaufhaltsam dahingleitet, von Atemzug zu Atemzug, und doch auch eine Zeit, die es möglich macht, daß nach einer geraumen Weile die Tochter ihre Mutter gehen lassen kann.

„Wird es jetzt bald sein?" fragt sie, und ich nicke.

Wie etwas unsagbar Kostbares schauen wir gemeinsam auf die letzten Atemzüge. Die Tochter ist still, liebevoll und ruhig. Ich habe das Gefühl, als habe sie schweren Herzens ihr Einverständnis gegeben. Sie hält die Hand der Mutter und läßt sie spüren, daß sie nicht alleine ist.

Noch ein Atemzug, noch ein viel schwächerer, eine große Pause, und noch einmal holt der Körper den Atem in sich hinein, atmet aus, dann folgt Stille.

Wir haben es gewußt, und doch ist diese Stille, diese Atemlosigkeit nicht faßbar. Die Hoffnung, auch in mir, wünscht, daß sie noch einmal atmen möchte, hofft lange über die Zeit hinaus. Dann lasse auch ich es zu, die Stille, die Stille des Todes, eine Stille, die in ihrer Bedeutsamkeit unnennbar ist.

Spuren der Seele

Ein kleines hübsches Reihenhäuschen in einem der Vororte der Stadt. Die dritte Tür, umrankt von üppig blühenden karminfarbenen Rosen, hat das angegebene Namensschild. Schon das kleine Schildchen verrät, daß hier eine Familie beisammen wohnt. Es steht eben nur der Familienname dort, alle sind damit eingeschlossen.

Nach einer geraumen Weile öffnet eine Frau nur einen Spalt breit die Tür. Nachdem ich meinen Namen gesagt habe, öffnet sie ganz und bittet mich herein. Etwas vorsichtig Abwägendes liegt in ihren Gesten. Über ihren Augen, so scheint es mir, liegt ein zarter Schleier. Ein Schleier von anhaltendem Kummer, Schmerz, Last und Weh, der schon seit längerer Zeit über ihr Leben gebreitet ist.

Mit einer etwas vagen Geste bittet sie mich, Platz zu nehmen. Oben im Dachgeschoß, in einem lichtvollen, holzverkleideten Zimmer liegt ihr Mann. Er wird unser Sprechen unten nicht hören.

Herr Mampe ist seit kurzer Zeit aus dem Krankenhaus entlassen. Bescheid: „Wir können leider nichts mehr für sie tun." Herr Mampe wollte nach Hause.

Er liegt etwas diagonal in dem großen Bett. So hat er einen schönen Blick aus dem Fenster und kann die Vögel sehen, wie sie ins Laub huschen und wieder davonfliegen.

Am Kopfende des Bettes stehen die Krücken, die das Aufstehen und Gehen erleichtern sollen. Herr Mampe wird sie in diesen Tagen das letzte Mal benutzen können. Noch weiß er es nicht. Oder hatte er es schon einmal gewußt und wieder vergessen wollen? Die Ärzte in der Klinik hatten ihn unmißverständlich über seine Lage informiert. Verschiedene Stellen seines Körpers sind von Metastasen befallen, Haut, Knochen, am Leib und am Hinterkopf.

Herr Mampe liegt ruhig und gelassen da. Seine Hand fühlt sich bei der Begrüßung warm und entspannt an. Sein Gesicht ist ernst. Auf mein Lächeln kommt keines zurück. Für mich sieht er aus, als dächte er nach, fast ununterbrochen. Weniges teilt er davon mit.

Herr Mampe möchte so wenig wie möglich zur Last fallen,

möchte wenig Aufhebens machen, möchte nicht noch die Sorgen vergrößern.

Und Sorgen gibt es viele in diesem Haus und schon seit vielen Jahren.

Der Ehemann weiß, warum ich im Haus bin. Ich werde versuchen, seine Frau in der kommenden schweren Zeit zu begleiten und zu unterstützen. Als ich mich nach kurzer Zeit von ihm verabschiede, drückt er Dankbarkeit in seinem Gruß und Händedruck aus. Wie verhalten können die Gesten eines Menschen sein und wie viel können sie ausdrücken.

Die älteste Tochter.

Anja ist ein junges Mädchen von besonders anziehendem Äußeren. Die glatten dunklen Haare, das feine ebenmäßig geschnittene Gesicht, aufmerksame, eindringliche Augen. Sie sieht ihrem Vater sehr ähnlich.

Anja lebt in einem Pflegeheim in Süddeutschland. Sie ist seit ihrer Geburt mehrfach geistig und körperlich behindert.

Sie spricht selten, nur manchmal reiht sie zwei oder drei Worte aneinander.

„Armer Pappi, so krank."

Anja hat häufig Kopfschmerzen. Manchmal sind sie so stark, daß sie mit dem Kopf gegen eine Wand schlägt oder sich selbst mit den Fäusten, bis er blutet.

Anja mag überaus gerne in der Natur sein. Wasser liebt sie über alles, und sie liebt Musik, besonders Klaviermusik.

Anja liebt ihren Vater und ihre Mutter, mit ihrem Vater ist sie auf eine ganz besondere Weise verbunden.

Herr und Frau Mampe haben es wohl auf unterschiedliche Weise nie verwunden, daß Anja nach langen, schweren Jahren in das Heim kam. Es gab vorher fast zwei Jahre, wo Herr und Frau Mampe fast jede Nacht mit dem Kind im Kinderwagen durch die nächtlichen Straßen fuhren, weil ihre Tochter nur so zu beruhigen war. Wenn sie dann gegen drei Uhr nach Hause kamen, schlief Anja endlich ein.

Der Sohn.

Als ich Florian, den Sohn der Familie, kennenlerne, liegt auch er im Bett. Gestern hatte er noch einundvierzig Grad Fieber gehabt. Der Hausarzt hatte einen Besuch bei Vater und Sohn gemacht.

Florian liegt, mich erwartungsvoll betrachtend, in seinem Bett. Seine klaren Augen mustern mich ernst, aber offen. Sein Kopf ist ein zarter Jungenkopf, seine Hände sind feingliedrig, Hände, die immer gerne etwas zu Basteln oder Bauen halten, und die nun am liebsten mit den Feinbauteilen der Elektronik umgehen.

Florian weiß, daß sein Vater schwer krank ist, daß es sehr ernst ist.

Ob er auch mehr weiß? Er ist liebevoll und still im Umgang mit seinem Vater.

Ein paar Tage später, als auch die Mutter krank wird und er inzwischen wieder aufstehen kann, übernimmt er ohne Murren die notwendige Versorgung der Eltern.

Die jüngste Tochter.
Die „Kleinste" hüpft munter auf einem Ball durchs Zimmer und zeigt begeistert die lila Gummistiefel und die Luftmatratze, die sie von einer Freundin ausgeliehen bekam. Sie rennt die Treppen hinauf zu ihrem Vater und wirft sich, allerdings mit Bedacht, ihm nicht weh zu tun, neben ihn aufs Bett. Sie plaudert unbefangen von allem und jedem mit ihm. Für sie ist seine Krankheit etwas Selbstverständliches, auf das man zwar Rücksicht nimmt, aber sie kann trotzdem noch ihr eigenes, junges stürmisches Leben neben ihm leben.

Allerdings als dann an einem Wochenende alle anderen krank sind, sagt sie, sie wolle nun auch krank ins Bett, sonst sei sie so ausgeschlossen. Wie lange wird sie noch so unbefangen auf ihrem Ball durchs Wohnzimmer hüpfen? Wie wird sie die kommende schwere Zeit überstehen? Julia ist erst dreizehn Jahre alt. Wie wird sie all die Eindrücke verarbeiten können?

Frau Mampe hat ein ruhiges sicheres Gefühl, daß es möglich sein wird, mit den Kindern zusammen diese schwere Phase des Lebens zu durchleben. Sie traut und vertraut ihren Kindern.

Sie weiß, daß die Kinder eine wichtige und reiche Erfahrung aus dieser Zeit mit in ihr eigenes, zukünftiges Leben mitnehmen können.

Ich bewundere Frau Mampe aufrichtig. Ich weiß, daß sie es schaffen wird.

Frau Mampe möchte hinaus. Möchte auch aus dem kleinen

Haus, das ihr morgens immer so dunkel erscheint. Wir gehen über die Felder. Sie erzählt. Es ist ein Monolog des Schmerzes, der aus einem gepreßten und übervollen Herzen kommt. Mit ihrem Sprechen breiten sich Bilder des Lebens vor uns aus, die so dicht werden, weil es fast ausschließlich Bilder des Leidens und der Schmerzen sind.

Während ich neben ihr gehe und versuche, aufmerksam zuzuhören, frage ich mich, ob es auch noch andere, leichtere, fröhliche Geschichten dieses Lebens gibt. Ich frage mich, wie ein Mensch diese scheinbar nie endenden Lasten trägt.

Später werde ich auch noch von anderen Episoden und kleinen Ereignissen hören, von glücklichen Erinnerungen.

Im ersten Gespräch scheinen sich erst einmal die Schleusen der Sprache für den lang anhaltenden Kummer und Schmerz zu öffnen.

Vor mir breiten sich Teile einer vielfältig verwobenen Lebensgeschichte aus. Alles scheint mit allem verknüpft zu sein.

Das Leid, das Schicksal der Ältesten… Lasten der Mutter, jahrelang getragen, dann die qualvolle Entscheidung, sie in Pflege zu geben, weil die Belastungen die Möglichkeiten aller Familienmitglieder übersteigen.

Es tauchen auch Bilder auf von dem ganz besonderen Glück, das Anja schenken kann, von Erlebnissen, die davon sprechen, daß solch ein Mensch ganz andere, uns fast nicht verstehbare Reichtümer und Gaben in sich trägt. Kämpfe mit Ärzten um die Linderung der Schmerzen, ja Kämpfe um die Achtung und Würde dieses Lebens und Menschen. Demütigungen und Verwundungen, die vielleicht nie ganz heilen werden. Und immer wieder, die Liebe zu diesem Kind, die einfach weh tut.

„Es gab so viel zu lernen", sagt sie ein paar Mal…, „für meinen Mann nun wohl nicht mehr…", fügt sie nachdenklich hinzu.

Und nach einer kleinen Pause: „Er hatte nun wohl anderes zu lernen."

Als ich mich von Frau Mampe verabschiede, ist der graue Schleier vor ihren Augen fort. Sicherlich wird er wiederkommen, denke ich, aber wenigstens war er einmal für eine kurze Zeit fort, einfach nur dadurch, daß sie sprach, von all dem… und jemand da war, der zuhörte.

Nach knapp zwei Wochen geht es Herrn Mampe sehr viel schlechter. Die Krücken werden nicht mehr benutzbar sein. Die Schmerzen haben zugenommen. Er leidet. Nach einigem Hin und Her bekommt er endlich die stärkeren Schmerzmittel. Hätte es nicht schon früher sein können? Warum erst die Erfahrung, daß nichts bleibt als Schmerzen und keine Möglichkeit, sich noch mit anderem bedenkend und klärend zu beschäftigen? Aber vielleicht hatte auch diese Erfahrung ihre Notwendigkeit und ihren Wert, den wir von außen als Betrachter einfach manchmal nicht sehen können.

Frau Mampe wird in diesen Tagen kraftvoller, sicherer. Sie weiß sehr tief, daß diese Tage kostbare Tage sind, die sie sehr bewußt und dankbar mit ihm leben will.

Das Telefon wird nicht immer abgenommen, manches Klingeln an der Haustür wird überhört. „Ich möchte das jetzt nicht!" Ja, sie hat recht, so für sich selbst und ihren Mann zu sorgen. Ruhe und eine friedliche Atmosphäre, das ist das, was jetzt das einzig Wichtige ist.

Es gibt Nachbarn, die das auf sensible Art verstehen, eine Suppe kochen und dann wieder still gehen.

Frau Mampe ist nun viel in dem hellen Schlafzimmer im Obergeschoß. Wichtige Dinge, Banken und Ämter betreffend, sind geregelt. Frau Mampe hatte geglaubt, das nie zu schaffen. Ihr sind viele neue Kräfte zugewachsen.

Sie berichtet:
Mein Mann ist manchmal in einem ganz anderen Zustand, ich würde aber nicht sagen, daß er verwirrt ist.

Gestern wollte er plötzlich „gehen".

Sie habe ihm liebevoll die Hausschuhe vor das Bett gestellt, auch die Gehhilfen wollte er noch haben. Nach einem mühsamen „sich erheben wollen" sank er dann zurück ins Bett und sagte: „Ich glaube, ich muß noch ein bißchen warten."

Ein andermal wollte er von dem Sohn die Uhr haben. Sie muß repariert werden, sagte er. Nachdem er sie lange sinnend betrachtet hatte, gab er sie mit den Worten zurück: „Nein, das ist nun nicht mehr nötig."

Seiner Frau war es so erschienen, als habe er mit diesen Worten und der Geste die hiesige Dimension der Zeit weggelegt.

„Hast du die Tüte auf der Treppe zum Keller gesehen?" fragte er seine Frau ein andermal. Auf deren sanfte Bestätigung hin sagte er weiter: „Da ist doch Brot drinnen und eine Wurst und Käse. Auch etwas Süßes für die Kinder und Limonade für unterwegs."

Als Frau Mampe ihm all das bestätigte und sich bei ihm bedankte, legte er sich ganz erleichtert in die Kissen zurück ... „Ich habe doch immer gut für euch sorgen wollen ...", damit schläft er wohlig ein.

Das Telefon klingelt bei mir zu Hause. Ich denke, daß es Frau Mampe sein wird.

„Wir haben es geschafft." Das sind ihre Worte, mit denen sie mir mitteilt, daß ihr Mann gestern Abend gestorben ist.

Ihre Stimme ist leise, aber fest. Ich kann hören, daß der Satz, mit dem sie ihre Botschaft einleitete, ganz und gar passend ist, auch in ihrer Stimme ist es zu hören: Beide haben etwas Tiefes und Wichtiges durchlebt, durchlitten und geschafft.

Später vertraut sie mir von den kostbaren Erinnerungen an diesen Abend an. Immer wieder drückt sie aus, wie reich sie sich fühle, welchen Schatz für die Zukunft sie in sich trage. Sie spricht dankbar davon, daß es ihr möglich war, ihren Mann bei sich zu Hause begleiten zu dürfen. Sie weiß, daß sie es gut geschafft hat, und das spürt man ihr an. In all ihrem Schmerz und ihrer Trauer klingt auch Zufriedenheit mit.

Er hatte in ihren Armen liegend sterben dürfen, hatte seinen Weg in Geborgenheit und Nähe gefunden. Wichtiges war zwischen ihnen noch ausgetauscht worden, und Frau Mampe spricht selber nachdenklich davon, daß diese Zeit wohl die Zeit der tiefsten Verbundenheit zwischen ihnen beiden gewesen war.

Die Feier

Pünktlich um zehn Uhr beginnen die Glocken zu läuten. Dicht gedrängt sitzen die Trauergäste in den engen Reihen der Kirche. Schwarz gekleidet, still, bewegt, – hin und wieder wird ein Taschentuch herausgezogen, um die Tränen abzuwischen und die Nase zu schneuzen.

Der Innenraum der Kirche hat etwas ganz Besonderes in seiner Schlichtheit. Das Grau, Weiß und Gold ist frisch aufgetragen und vermittelt ein Gefühl von Einfachheit, Aufrichtigkeit und Schlichtheit. So wird auch die Feier sein, ohne falsches Pathos, menschlich nah und persönlich. Diese Feststunde für den Verstorbenen läßt ihn in „seiner" Art und Weise des Lebens und Seins noch einmal erstehen. Der Beisetzungsgottesdienst stellt die Dankbarkeit, die Liebe und Hoffnung in den Vordergrund.

Die Lieder künden von einer Freude, die über den Schmerz und das Leid hinausstrahlt. Als die Worte noch einmal aufklingen: Die Liebe aber ist die größte von allen… kann ich von ganzem Herzen zustimmen.

Hier wird eines Verstorbenen und seiner Familie gedacht, die ein verborgenes, stilles Zeichen dieser Macht ablegen.

Als die Glocken wieder läuten, um das Ende der Feierstunde anzuzeigen, gehen bewegte und getröstete, gemahnte und erfüllte Menschen auf die Straße hinaus, um den schmalen Weg zum Friedhof hinaufzusteigen.

Oben angekommen, steht der Sarg noch einmal erhöht über der Graböffnung. Es ist, als wolle man ihn, den Verstorbenen, noch einmal in die erhöhte Sichtbarkeit stellen. Das Ritual des Abschiednehmens nimmt seinen Verlauf. Einzeln und zu zweit treten wir heran, sprechen unsere letzten Worte, werfen unsere Blumengrüße hinunter.

Wie sehr bewundere ich sie, Frau Mampe, und ihre beiden Kinder links und rechts stehend. Miteinander tragen sie die Schmerzen. Immer wieder sehe ich, wie Frau Mampe die Menschen, die kommen, ihr Beileid auszudrücken, streichelt und tröstet. Wieviel gibt sie noch in ihrer Schwäche und ihrem Leid an andere weiter.

Lange werden wir von diesem Tag ab noch miteinander verbunden sein. Wir werden Stunden der Trauer, der Verzweiflung und inneren Einsamkeit, aber auch Augenblicke der Freude, der Nähe und Herzlichkeit miteinander teilen.

Frau Kramer

Frau Kramer leidet seit zwei Jahren an einem Rachen- und Halskarzinom. Im Januar dieses Jahres hatte sie eine große Operation gehabt. Ab April hatte sie nicht mehr essen können. Etwas später war auch das Sprechen nicht mehr möglich. Frau Kramer war seit Mittwoch Abend wieder im Krankenhaus. Sie war eigentlich nur zu einer Untersuchung gekommen. Sie hatte dableiben müssen.

So begegnete ich Frau Kramer das erste Mal. Als ich das Krankenzimmer betrete, stehen ihr Mann, ihr Sohn und ihre Schwester am Bett. Frau Kramer ist unruhig. Wir bemühen uns um ihre Versorgung; sie bekommt ein Mittel gegen die Schmerzen. Kurze Zeit darauf wird ihre Atmung ruhiger. Zwischendurch gehe ich mit Herrn Kramer hinaus auf den Flur. Wir sprechen miteinander. Ich kann erst jetzt sehen, wie erschöpft Herr Kramer ist.

Gegen elf Uhr abends gehen Sohn und Vater. Ihre Schwester bleibt im Krankenhaus. Sie schläft in einem anderen Zimmer. Ich bleibe ganz still bei Frau Kramer. Ich begleite sie in ihrem Atemrhytmus, und manchmal spreche ich ganz leise mit ihr. Gegen zwölf Uhr dreißig kann ich fühlen, wie ihre Lebenskraft schwächer wird. Ihre Schwester und ich sind bei ihr, als sie gegen ein Uhr stirbt. Ihre Gesichtszüge wirken ruhig und friedlich.

Frau Kramer wird von der Krankenschwester gewaschen. Ich spreche mit ihrer Schwester, erfahre mehr über das Leben von Frau Kramer. Gegen zwei Uhr kommen Herr Kramer und sein Sohn.

Er verabschiedet sich liebevoll von seiner Frau. Er kann den Frieden auf ihrem Gesicht wahrnehmen. „Sie ist so schön wie vor zwanzig Jahren, als ich sie kennenlernte."

Herr Kramer weint.

So wie die Uhr über ihrem Bett ...

In der Begleitung von Frau Pfeiffer wechselten wir uns zu fünft in den verschiedenen Zeitetappen miteinander ab. Das, was fast nicht möglich erschien, gelang auf eine schöne und reibungslose Art. Wir lösten einander ab und konnten auf eine ruhige Weise die Kontinuität der Begleitung wahren. Auf diese Weise konnte Frau Pfeiffer über mehrere Tage vierundzwanzig Stunden lang versorgt und betreut werden.

Diese Art der Begleitung spiegelt sich in dem nun folgenden Bericht. Jeder Wechsel von Morgen zu Nachmittag oder Abend und Nacht zeigt damit den Wechsel der begleitenden Person an.

Mittwoch Nachmittag
Ich wurde am Vormittag vom Hospiz-Dienst angerufen und gefragt, ob ich nachmittags Zeit für eine Begleitung hätte. Ich sagte zu.

Folgende Situation hatte sich zugetragen:

Frau Pfeiffer, fünfundachtzig Jahre alt und alleinstehend, war erst drei Wochen zuvor aus dem Krankenhaus entlassen worden. Sie war „austherapiert". In der letzten Nacht hatte sich jedoch ihr Zustand rapide verschlechtert. Der Notarzt wollte sie jedoch nicht mehr ins Krankenhaus einweisen, damit sie in dieser Nacht zu Hause sterben dürfe. Doch am nächsten Morgen ging es ihr wieder etwas besser, die Nachbarn mußten zur Arbeit und fühlten sich erschöpft, und die Sozialstation konnte keine „Rund-um-die- Uhr" Betreuung übernehmen. Deshalb riefen die Nachbarn beim Hospiz-Dienst an. Für Frau Pfeiffer war dies die einzige Möglichkeit, zu Hause bleiben zu können.

Um zwölf Uhr traf ich bei Frau Pfeiffer ein. Sie lag mit neugierig blickenden Augen im Bett. Ich stellte mich vor und fragte, ob sie einverstanden sei, daß ich bei ihr bliebe. Sie freute sich, doch gleich darauf kam besorgt die Frage, was das koste. Ich versicherte ihr, es sei umsonst, worauf sie erleichtert meinte, sie hätte ja kein Geld, um so etwas zu bezahlen.

Sie erzählte dann aus ihrem Leben, und bei der Bemerkung, sie habe wohl viel Schweres erlebt, nickte sie zustimmend, fügte aber gleich hinzu, aber auch viel Schönes. Sie wolle nicht undankbar sein – und das war sie wirklich nicht. Sie war für alles, was man für sie tat, sehr dankbar und klagte nie.

Mittwoch Abend

Unter einer beängstigenden Anzahl von Namen hatte ich doch noch den ihren gefunden. Achter Stock rechts.

Im Aufzug, der lautlos nach oben gleitet, steht eine der vielen Mitbewohnerinnen des Hauses. Ich denke: ob sie wohl weiß, daß eine ihrer Nachbarinnen im Sterben liegt. Aber wir schweigen beide. Ich gehe den langen Gang entlang, 115, da ist es. Jemand öffnet die Wohnungstür, und ich werde in das kleine Schlafzimmer geleitet. Vier, fünf Menschen stehen dort und unterhalten sich. Dann sehe ich erst sie, Frau Pfeiffer, für die ich gekommen bin.

Sie liegt mit aufgerichtetem Rücken in einem schmalen Bett. Das erste was ich sehe: sie hat einen wunderschönen Kopf, feingeschnittene Züge, ein gütiges, freundliches Gesicht. Weiße Haare umrahmen das Greisinnengesicht.

Wir begrüßen einander, ihre schmale Hand liegt ganz leicht in der meinen. Sie lächelt mich warm und vertrauend an. Was hatte sie wohl damals gedacht, als es hieß, „man könne nichts mehr für sie tun?" Welche Ängste, Sorgen und Befürchtungen hatte sie wohl mit nach Hause genommen? Wieviel Kraft hatte sie gehabt, sich in eine solche Situation zu fügen? Sie hatte gewußt: Eigentlich war niemand da für sie, der sie pflegen konnte und auf den sie sich verlassen konnte.

Aber es war ganz anders gekommen. Vier Menschen, die auch irgendwo in der Nähe von Frau Pfeiffer wohnten, hatten sich zusammengefunden und verantwortlich gefühlt.

Je länger ich den Nachbarn später im Gespräch zuhöre, um so mehr wächst meine Achtung ihnen gegenüber. Menschen, die berufstätig waren, hatten ihre Bequemlichkeit aufgegeben, hatten Ängste überwunden, hatten auf Schlaf verzichtet, Einkäufe zwischendurch gemacht, den Arzt gerufen wenn es notwendig wurde, hatten beruhigt und getröstet, hatten etwas zum Essen gebracht oder einfach an ihrem Bett gesessen.

„Wie gut, daß sie gekommen sind ...". Hinter diesen Worten klingt die große Last und Sorge mit, die diese Menschen nun so lange trugen. „Wir hätten es nicht mehr alleine geschafft ...".

Ich bemühe mich im Gespräch, das Gefühl von Schuld und Versagen aufzulösen. Im Gegenteil, wie achte und bewundere ich sie für ihren freiwilligen Einsatz und ihre Tatkraft.

Eine der Nachbarinnen vertraut mir dann noch an, daß sie das Gefühl habe, Frau Pfeiffer könne deshalb noch nicht sterben, weil sie sich Sorgen mache. Sie habe Angst, das Geld reiche nicht für die Miete, die Stromrechnung und die Beerdigung.

Später spreche ich ein wenig mit Frau Pfeiffer über dies und das. Unvermittelt sagt sie mit einem ganz bangen Gesicht: „Ich kann sie doch gar nicht zahlen ... und da sei noch ein Brief gekommen, es seien wohl Schulden ...". Wir sprechen miteinander, offen vertrauend. Als ich hinausgehe, das Licht sorgsam lösche, strahlt sie mich an und sagt: „Ja, ich glaub's nun, daß sie das umsonst machen" und mit einer ganz leisen Stimme gesprochen höre ich noch, „ich wußte gar nicht, daß es Menschen gibt, die so etwas tun."

Ich werde Frau Pfeiffer in anderthalb Tagen wieder sehen ... denke ich, oder hoffe ich, als ich das Haus verlasse.

Mittwoch Nacht

Claire Pfeiffer empfängt mich freundlich, zerstreut meine Bedenken, daß sie sich nun schon wieder an ein neues Gesicht gewöhnen müsse.

„Ich bin doch froh, daß ich heut Nacht nicht alleine sein muß", sagt sie. Zwischen neun und zehn am Abend sitze ich an ihrem Bett. Über ihr schönes, gleichmäßiges Gesicht huscht immer wieder ein Lächeln. Wie sie mir erzählt, wie gern sie hier wohnt, nun schon beinah zwanzig Jahre lang. Ich solle doch mal auf den Balkon gehen und auf die Stadt runterschauen. Der Blick ist wirklich wunderschön. Sie erzählt mir von den vielen Silvester-Feuerwerken, die sie hier erlebt hat. Sie verlangt zwischendurch immer wieder einen Schluck zu trinken und seufzt: „Ach, was ist Kamillentee köstlich, und ich hab ihn ein Leben lang so verachtet, weil ich ihn als Kind trinken mußte, wenn ich krank war. Sie müssen wissen, ich bin eine gebürtige Allgäuerin, und bei Ihnen hab ich auch gleich gemerkt, daß sie aus Bayern sind.

Wir waren acht Kinder zu Hause, meine Geschwister sind schon alle gestorben."

Dann schläft sie ein. Immer mal wieder hat sie Durst in dieser Nacht, oder sie möchte die Kissen ein wenig verändert haben. Um diese Dienste bittet sie jedesmal lieb und entschuldigt sich, daß sie mich „schon wieder" braucht. Ihre größte Sorge ist, daß ich die ganze Nacht ein Licht brennen habe im anderen Zimmer, „was das kostet, das ist doch mindestens eine 60er Birne, wissen Sie, ich hab beruflich viel mit Zahlen zu tun gehabt, ich kenn mich aus mit Rechnen!"

Donnerstag Morgen
Um neun Uhr soll ich bei Frau Pfeiffer sein. Ich habe mich verfahren und bin in Eile. Endlich bin ich dort. Sofort ist der ganze Verkehrsstreß vergessen. Die Wohnung von Frau Pfeiffer ist still und ruhig, ich nehme sehr deutlich wahr, daß ich zu einem Menschen komme, der im Sterben liegt.

Die Schwere der Krankheit zeigt sich mir, als ich ihre ganz dicken, geschwollenen Beine und Füße sehe. Vielleicht spürt sie meine Betroffenheit, als sie von ihrem Bauch spricht, ..."der sieht so aus. als ob ich Zwillinge erwartete ...". Sie begegnet mir in einer Offenheit und Unbekümmertheit, die mich staunen läßt. In ihren Augen ist viel Fröhlichkeit. Sie hat keine Scheu, offen über ihren nahen Tod zu sprechen. Sie sagt mir ganz schlicht, daß sie dann zu Gott gehen würde. Ihre Angst gilt ihrem schweren Körper und der Sorge, daß meine Kraft nicht ausreichen könne, sie auf den Nachtstuhl zu setzen. Es klappt jedoch gut, und später sitzt sie sogar im Rollstuhl lange Zeit auf dem Balkon und genießt den herrlichen Blick auf den nahen Park und die Hügel der Stadt. Ich freue mich mit ihr über die schöne Aussicht, spüre ihre Ruhe und den inneren Frieden. Wir sitzen nebeneinander und danken für diesen schönen Augenblick.

Donnerstag Nacht
Diesmal komme ich zur Nachtwache.

Ich sehe, daß sich der Gesundheitszustand von Frau Pfeiffer inzwischen doch sehr verschlechtert hat.

Die Nacht wird für Frau Pfeiffer sehr schwer. Sie kann nicht schlafen, hat Schmerzen, die Zeit vergeht nicht.

„Ach, wenn ich doch nur sterben könnte", sagt sie zweidreimal ganz leise.

Die Schmerztropfen nimmt sie nur zögernd an. Ich versuche zu verstehen, was der Grund ist. Sie sagt mir, daß sie glaube, daß zu ihrem jetzigen Zustand eben Schmerzen und Leiden gehören. Gegen Mitternacht frage ich sie dann doch noch einmal, ob sie nicht doch welche nehmen möchte. Eine halbe Stunde später kann sie dann auch wieder ein wenig lächeln, und fast verschmitzt sagt sie mir: „Ja, es war schon gut, daß ich auf sie gehört habe, es geht mir jetzt besser."

In dieser Nacht muß sich Frau Pfeiffer immer und immer wieder übergeben. Sie ist gequält und kraftlos. „Das schöne Nachthemd, nun ist es wieder daneben gegangen...". Wir beschließen, daß ich ein neues aus dem Schrank nehme. Und ich bekomme die Erlaubnis, es auf der Rückseite mit einer großen Schere aufschneiden zu dürfen...

Während ich die lange Bahn bis zur Halsöffnung hinaufschneide, lacht Frau Pfeiffer. Ihr Lachen klingt vergnügt. Ich schaue sie an und lache auch... Wir beide hatten bisher nie im Leben einfach so ein schönes Nachthemd mit der Schere aufschneiden dürfen...

Als ich mich am Morgen zum Aufbruch fertig mache, fragt Frau Pfeiffer mich unvermutet, ob heute Sonntag sei. Ich verneine. Es ist Donnerstag.

Sie fragt noch einmal, ob ich am Sonntag wiederkomme...

Es ist etwas Seltsames um diese Frage.

Und auch die Uhr über ihrem Bett betrachtete ich noch einmal. Ein Nachbar hatte mir gesagt, „Die ist schon vor längerer Zeit stehen geblieben".

3.45 zeigen die unveränderlichen Zeiger an.

Freitag Nachmittag

Frau Pfeiffer freut sich, daß ich wiederkomme. Ich lese ihr ein kurzes Märchen vor. Sie lächelt vor sich hin und erzählt, wie das im Krieg war, als sie ihren Mann kennenlernte. „Ganze 28 Tage war ich verheiratet, dann ist er gefallen. Das war schlimm für mich, aber es ging ja vielen so."

Ein Nachbar kommt. Er hilft sie in den fahrbaren Stuhl zu setzen. Wir schieben sie an die offene Balkontüre. Sie genießt die Aussicht in den Sommernachmittag.

„Ja, sagt doch selber Leute, sitze ich nicht da wie ein König." Dann hat sie Hunger und will ins Bett zurück. Als ich ihr das „Hafersüpple“ füttere, meint sie kopfschüttelnd: „Wer hätte das gedacht, daß die Klärle mal daliegt und gefüttert wird.“ Sie würde so gerne noch „ein Schlückle“ Bier trinken. Bereitwillig holt der junge Nachbar noch ein „Fläschle“, überhaupt die Hausgemeinschaft! Ich muß Vorurteile über die Lieblosigkeit und die Anonymität in Hochhäusern abbauen.

Das Süpple und der Schluck Bier sind ihr nicht gut bekommen. Gegen Abend geht es ihr schlecht. Sie will nur noch Tee.

Freitag Nacht
In dieser Nacht mußte Frau Pfeiffer immer wieder erbrechen. Mitten in der Nacht war es notwendig, einen Nachbarn zu bitten, mir beim Betten zu helfen. Für ihn war diese Hilfe selbstverständlich.

Samstag Nacht
Frau Pfeiffer erkennt mich, aber hat keine Lust zu sprechen. Sie ist sehr schwach geworden. Sie streckt mir ihre Hand hin, ich halte sie in der meinen. Ganz wach und aufmerksam liegt sie da und hört zu wie ich singe „Der Mond ist aufgegangen“. Es ist eine zauberhafte Stimmung im dämmrigen Raum. Die Geräusche eines warmen Sommerabends dringen von den Anlagen unten herauf. Mit nur wenigen Unterbrechungen geht diese Nacht ruhig dahin. Am Morgen verabschiede ich mich von ihr.

Sonntag Morgen
Heute finde ich eine sehr veränderte Frau Pfeiffer vor. Sie sieht nun eingefallen aus, hat nur noch wenig Interesse an dem, was um sie herum vorgeht und dämmert viel vor sich hin. Ganz leise spiele ich ein paar Choräle und summe zu Akkorden Lieder auf der Gitarre, die ich mitbrachte. Dann sitze ich still, betrachte ihr klein gewordenes Gesicht, sehe ihren kranken Körper. Ich denke nach über ihr Leben, über mein Leben und lasse die Zeit verstreichen.

Am Mittag verabschiede ich mich von ihr, wissend, daß ich sie nicht wiedersehen werde. Ich danke ihr für diese zwei Begegnungen, die mir vermittelten, mit welcher Ruhe ein Mensch dem Tod entgegengehen kann.

Sonntag Mittag
Frau Pfeiffer schlief einfach viel in dieser Zeit, zwischendurch war sie ansprechbar und klar.

Auf die Frage, ob ich frischen Tee kochen solle, meinte sie: „Den brauche ich nicht mehr."

Immer wieder fragte sie nach der Uhrzeit. Ich dachte, sie wartete auf ihre Freundin, die ihren Besuch angesagt hatte. Diese Freundin wollte um 14.30 Uhr kommen. Eine halbe Stunde vorher sagte ich zu Frau Pfeiffer: „Jetzt dauert's nicht mehr lange." Worauf sie antwortete. „Die sehe ich nicht mehr."

Als ihre Freundin kam, war Frau Pfeiffer in einen Dämmerzustand übergegangen und nicht mehr ansprechbar.

Sonntag Nacht
Als ich komme, sitzt eine Nachbarin am Bett von Frau Pfeiffer. Sie, die in letzter Zeit viele Stunden an ihrem Bett saß, fragte mich, ob sie diese Nacht auch hierbleiben könnte; alleine wolle sie aber nicht bleiben, es wäre das erste Mal, daß sie bei einer Sterbenden wäre.

Frau Pfeiffer ist inzwischen wieder bei vollem Bewußtsein und reagiert klar auf Fragen. Gegen Mitternacht lesen wir einige Gebete und Psalmen, da ich von der Nachbarin von der religiösen Einstellung Frau Pfeiffers weiß.

Danach ist langes Schweigen und Stille.

Frau Pfeiffer fragt immer wieder nach der Uhrzeit, denn sie müsse doch auf den Bahnhof, und sucht nach ihrer Uhr am Arm. Wir sagen ihr die Zeit und sie nickt.

Gegen zwei Uhr morgens fragen wir sie, ob wir ein Lied singen sollen. Sie nickt, und wir singen leise ein Marienlied. Über ihrem Bett hängt eine geschnitzte Madonna.

Frau Pfeiffer wird unruhig, bewegt ihre Arme und fragt wieder nach der Zeit. Ich spüre eine innere Uhr bei ihr. Ich frage sie, ob sie Angst hätte. Sie nickt, und ich sage ihr, wir würden beide die ganze Nacht bei ihr bleiben.

Ich sehe, daß ihr Gesicht langsam einen anderen Ausdruck bekommt. Ihre Nase wird weiß.

Nach drei Uhr verändert sich ihr Atem merklich und sie fängt an zu röcheln.

Die Nachbarin nimmt sie in den Arm, sie will ihr durch das

Anheben etwas Erleichterung verschaffen. Wir spüren beide, daß sich nun das Ende vorbereitet.

Der Ausdruck ihrer Augen wird sehr intensiv. Etwas Angstvolles, Flehentliches ist auch in ihrem Blick. Es ist schwer zu beschreiben.

Ihr Atem verlangsamt sich, die Augen verändern ihren Ausdruck, und sie liegt entspannt auf den Kissen.

Immer wieder ein Ausatmen. Die Abstände werden immer größer.

Wir beiden Frauen stehen am Bett und schweigen. Es gilt dazusein, aber diesen so intimen Prozess nicht zu stören.

Was geschieht wirklich in diesen Minuten, über das für uns Wahrnehmbare hinaus? Bei allem Glauben und Hoffen – ein Mysterium.

Der Tod ist eingetreten. Wir schweigen. Dann sprechen wir zusammen ein Vaterunser.

Wir schließen Frau Pfeiffer behutsam die Augen. Die Nachbarin holt ein Tuch und bindet ihr das Kinn hoch. Ich lege ihre Hände ineinander. Alles geschieht in großer Stille. Ich hole im Nebenzimmer aus dem Blumenstrauß eine Nelke und lege sie auf ihr Bett. Auf die Brust legen wir ihr ein kleines Bildchen ihres Mannes.

Wir zünden zwei Kerzen an. Im Wohnzimmer schreibe ich noch die genaue Uhrzeit ihres Todes auf: 3.45 Uhr, so wie die Uhr über ihrem Bett, die vor vielen Tagen stehen geblieben war.

Sie wollte doch immer die Uhrzeit wissen und zum Bahnhof gehen. Nun hat sie ihre ganz persönliche letzte Reise angetreten.

Wir halten Totenwache. Ich lese Texte aus dem Johannesevangelium. Es ist still und friedlich im Raum.

Um fünf Uhr morgens rufen wir die Nachbarn. Jeder nimmt auf seine Weise Abschied von der Toten.

Der Morgen graut. Ich verabschiede mich von den Nachbarn und fahre nach Hause.

Die Beerdigung

Wir alle, die Frau Pfeiffer in den letzten Tagen und Wochen begleiteten, kommen zu ihrer Beerdigung. Vor dem Beginn der eigentlichen Feierlichkeit stimmt eine Nachbarin das „Gegrüßt seist Du Maria, voll der Gnaden" an. Einer nach dem anderen stimmt mit ein.

Ein junger Pfarrer hält die Predigt. Er gibt das Wesentliche von Frau Pfeiffers Leben wieder. Ihre Einfachheit, ihre Liebe zu ihren Mitmenschen, ihr Vertrauen zu Gott, die Geduld in ihrer Krankheit und von dem Trost, den sie im Glauben fand.

Die kleine Trauergemeinde trennt sich leise, die Begleitenden umarmen einander und bedanken sich.

Daß das Sterben so schwer sein kann

Die Wirklichkeit des Sterbens, – immer wieder begegnen uns Vorstellungen und Aussagen, die dieses Geschehen zu „schön“, zu „glatt“ und problemfrei darstellen. Aber ebenso oft ist wohl auch die Einstellung, daß das Sterben nur grausam, verzweiflungsvoll und sogar abstoßend und häßlich sei.

Von Menschen im Sterben erfahren wir häufig, wie schwer ihnen das Sterben wird.

Einerseits schwer, weil das Leben losgelassen werden muß, andererseits wird der Tod herbeigewünscht, weil das Leben so nicht mehr ertragen wird.

Dem Begleitenden selber teilt sich diese Schwere und Last mit, wenn er wirklich bereit ist, diese Lebensepoche mit dem anderen offen zu teilen, wenn er die Schwere dieser Zeit wirklich in seinem Herzen zuläßt.

In der Begleitung eines sterbenden Menschen kommen auch wir an unsere eigenen Grenzen. Wir zweifeln an unserer Fähigkeit, uns dem anderen bedingungslos zuzuwenden und hinterfragen unsere Hilfe.

Manchmal müssen wir um bessere äußere Bedingungen für den sterbenden Menschen kämpfen, da er nicht mehr die Kraft dazu hat. Manchmal erkennen wir hinterher dann schmerzlich, daß wir zwar unser möglichstes getan haben – aber unser Versprechen doch nicht halten konnten.

Auch erfahren wir nicht immer Vertrauen und Offenheit vom sterbenden Menschen uns gegenüber. Bedingt durch seine Erkrankung oder seine Lebensgeschichte fällt es ihm schwer, sich zu öffnen; seine Gefühle schwanken zwischen Ablehnung, Mißtrauen, Verletzung, und dann wieder kommen Signale, daß er unsere Hilfe braucht. Dadurch werden wir immer wieder in unserer inneren Haltung geprüft. Geprüft, ob wir den Anderen wirklich in seinen Lebenszusam-

menhängen verstehen können, oder ob wir in unseren eigenen Gefühlen der Verletzung, der Kränkung gefangen bleiben. Wir fragen uns dann, ob wir diesen Dienst wirklich ohne Erwartungen nach Anerkennung, nach erfüllenden Gesprächen und Nähe machen.

Wie Pflanzen wachsen, gedeihen, vergehen und wieder Neues entsteht

Herr und Frau Baum verdienten ihren Lebensunterhalt mit einem eigenen Geschäft, in das sie ihre ganze Kraft einbrachten. Notwendige Umstellungen und Veränderungen in seinem Betrieb hatten Herrn Baum in eine schwere psychische Krise gebracht, so daß er stationäre Behandlung brauchte. Zu diesem Zeitpunkt erhielt Frau Baum nach einer Operation die Diagnose: Krebs mit Metastasen in verschiedenen Organen. Was nun, wie sollte, konnte es weitergehen?

Gegen den Widerstand des Arztes holte die Familie den Vater nach Hause. Zur Familie gehören fünf erwachsene Kinder, wovon drei noch bei den Eltern leben. Herr Baum wurde in den ersten Wochen ambulant von einer Therapeutin betreut. Sie erkannte bald, daß Frau Baum seelische Unterstützung benötigte. Die Therapeutin riet der Familie, das Hospiz um Hilfe zu bitten.

Mein erster Besuch bei Frau Baum findet statt. Auf dem Weg dorthin beschäftigen mich viele fragende Gedanken.

Dann stehen Frau Baum und ich uns gegenüber. Sie ist etwa fünfzig Jahre alt, um den Kopf trägt sie ein Tuch gebunden. Die fehlenden Haare, ausgefallen durch Chemotherapie, sind das einzige äußere Zeichen, das auf ihre Krankheit hindeutet. Zunächst wirkt sie sehr scheu auf mich, – doch im Gespräch ändert sich das schnell. Sie erzählt mir den Verlauf ihres Leidensweges: fünf Operationen in anderthalb Jahren, dann die Chemotherapie. Sie fragt sich, ob das gut war! Jetzt will sie nichts mehr machen lassen.

Bis jetzt geht es ihr noch gut. Schmerzen hat sie keine. Ängste sind da. Hilflos zu sein, auf andere angewiesen zu sein, – doch sie ist auch froh, erwachsene Kinder zu haben. Kleine

Kinder zurücklassen zu müssen, das wäre für sie sehr schlimm.

Sie spürt, daß Freunde ihr gegenüber nun befangen sind, und sie versucht, ihnen mitzuteilen: „Seht, ich lebe noch, und möchte normal behandelt werden."

Zu Angehörigen von Freunden, die an Krebs gestorben sind, hält sie Verbindung: Die haben keine Scheu vor ihr, und sie versteht diese jetzt auch besser.

Ich kann es nicht fassen, diese Frau soll strebenskrank sein? Sie wirkt auf mich ruhig und gefaßt.

Nach einigen Wochen verschlechtert sich der Zustand von Frau Baum. Die Metastasen breiten sich aus. Ihre rechte Hand und das rechte Bein werden gefühllos. Ab und zu bekommt sie jetzt Krampfanfälle. Anschließend fühlt sie sich tagelang elend.

Schwer aushalten kann sie die Ungewißheit: Wie lange wird es noch gehen? Was kommt noch alles auf mich zu?

Herr Baum arbeitet jetzt sehr viel. Seine Frau kann es verstehen. Sie weiß, daß es seine Art ist, mit der Tatsache ihrer Krankheit umzugehen. Er braucht seine Arbeit, um einen Weg zu finden, diese Krankheit anzunehmen.

Während des Sommers erlebt sie noch die Geburt eines Enkelkindes, auf das sie sich sehr gefreut hat. Gute und schlimme Tage wechseln sich ab. Eine Körperhälfte wird zusehens gefühlloser und das Gehen immer beschwerlicher.

Nach und nach lerne ich die ganze Familie kennen, die mich ohne viele Worte miteinbezieht und mich teilhaben läßt an ihrem Leben.

Eindrücke und Gefühle eines Besuches sind mir besonders in Erinnerung. Frau Baums Sohn war mit dem Neugeborenen da. Der Säugling schlief im Krankenbett der Großmutter. Wir unterhielten uns über Frau Baums Befinden, das Fortschreiten der Krankheit.

Ganz ruhig spricht sie über das Sterben, stellt Verbindung her zur Natur: wie Pflanzen wachsen, gedeihen, vergehen und wieder Neues entsteht. Auch wenn sie an das Wunder der Geburt denkt, wie vollkommen ein Kind geboren wird, – da glaubt sie einfach, daß das Leben mit dem Tod nicht zu Ende sein wird. In solchen Augenblicken des Gesprächs gibt es keine Zeit mehr, und es gibt viel, sehr viel, was ich als Begleitende zurückbekomme. Da gibt es nichts mehr zu fragen, nur abzuwarten und zuzuhören.

Mit immer wieder Neuem muß sich Frau Baum auseinandersetzen. Nach mehreren Krampfanfällen sitzt sie nun gelähmt im Rollstuhl.

Sie hat ihr ganzes Leben lang gearbeitet, wäre noch gerne ins Ausland gereist, um eine dort lebende Freundin aus ihrer Schulzeit zu besuchen. – „Das geht nun nicht mehr! So ist es jetzt eben." Sie sitzt da, – lächelt. Für mich verkörpert sie in ihrem Sterben so viel Leben.

Nicht immer kann sie ihre Krankheit so annehmen. Es gibt auch Tage, an denen sie verzweifelt und traurig ist. Dann frage ich mich: Kann ich ermessen, was in dieser Frau vorgeht, gefangen in ihrem Leiden? Kann ich hier überhaupt Hilfe sein? Da helfen keine Ratschläge, ich kann ihr nur zeigen, ich bin bereit, sie in ihren Ängsten, ihren Hoffnungen und Fragen zu begleiten.

Konflikte, die sie mit Nahestehenden hatte, beschäftigen sie. Hätte ich mich anders verhalten sollen? Oder, habe ich meine Kinder richtig erzogen? Im Gespräch findet sie zu ihren eigenen Lösungen.

Sie genießt es, mit ihrer Familie, mit Freunden, die sie regelmäßig besuchen, zusammen zu sein, am Kaffeetisch zu sitzen, von gemeinsamen Erlebnissen zu erzählen. Dann wird auch gelacht. „Wir wollen es uns, so lange es geht, schön machen", sagte sie dann.

Die Familie kümmerte sich und versorgte sie liebevoll, doch immer wieder gibt es Situationen, wo ganz deutlich wird, wie hilfreich meine Anwesenheit als Außenstehende ist.

Nachts wird sie oft wach, dann fühlt sie sich sehr alleine, dann kommt auch Angst, nicht mehr rufen zu können, den noch gesunden Arm nicht mehr heben zu können, um die Glocke zu erreichen, die ihren Mann im oberen Stockwerk weckt. Nähe möchte sie haben, Nähe, die sie fühlen kann.

Wie kann sie dieses Bedürfnis ihrem Mann mitteilen, der aus Verzweiflung immer wieder in seine Arbeit flüchtet?

Mein Vorschlag, uns alle auch mit Herrn Baum zusammenzusetzen, wird von Mutter und Tochter sofort dankbar angenommen. Als ich am Abend Familie Baum besuche, bin ich aufgeregt: wird diese Aussprache gelingen, wird es gutgehen?

Frau Baum öffnet sich sehr schnell im Gespräch, doch mühsam formuliert sie ihre Gedanken, ihre Bedürfnisse, da das Sprechen ihr zunehmend Mühe macht. Obwohl sie versteht, daß für ihren Mann die Arbeit wichtig ist, möchte sie jetzt öfter mit ihm zusammensein, „da ich ja nicht weiß, wieviel Zeit mir noch bleibt", sagt sie weinend. Plötzlich wird ihr Mann von Schluchzen geschüttelt. Den Ausdruck ihrer Augen werde ich nicht vergessen. Erstaunt, erleichtert. In diesem Moment den Schmerz endlich gemeinsam tragen zu können – da sind keine Worte mehr nötig.

Auch ich bin still geworden – ich spüre deutlich, wie ich zum Katalysator für diese Menschen werde, um Gefühle und Bedürfnisse einander mitzuteilen.

Bei meinem letzten Besuch diese Woche hatte sie Atembeschwerden und Schmerzen in der Lunge: die Metastasen breiteten sich weiter aus. Sie weint, – was wird noch alles kommen? Niemand weiß es.

Die Schmerzen in der Lunge und die Atemnot werden wieder besser. Die Zeit vergeht, es wird Advent. Ohne Rückenstütze kann Frau Baum jetzt nicht mehr sitzen. Die Kinder und Enkelkinder sind zu Besuch. Eine Kerze am Adventskranz wird angezündet. Wie singen zusammen mit den Kindern. Frau Baum weint. Abschiednehmen schmerzt immer wieder erneut, sie glaubt, sie wäre darüber hinweg. Wie um sie zu trösten bettelt das älteste Enkelkind: „Bitte Oma, sing nochmal – Du singst am schönsten, bitte." Ja, sie singt am schönsten – sie hat eine warme Altstimme. Jetzt glänzen die Augen der Kinder vor Tränen. Wie viele Erinnerungen mögen sie mit dieser Stimme verbinden!

Frau Baums alter Vater und ihr Bruder kommen einige Tage zu Besuch. Davor hat sie Angst. Der Vater möchte nicht wahrhaben, daß sie so krank ist. Das strengt sie an.

Ein Krankenhausaufenthalt von einigen Tagen ist auch noch eine Station ihrer Leidenszeit. Qualvolle Tage – sie möchte lieber sterben als hier im Krankenhaus liegen. Herr Baum streichelt behutsam ihre Stirn. Sie weinen zusammen. Sie möchte anders liegen. Vater und Sohn betten sie, solange ich das Baby auf dem Arm halte. Herr Baum erzählt mir, daß er sie zuhause nachts mehrmals anders gebettet hatte. Er machte es sorgfältig, geschickt, fragte sie, ob es ihr so bequem sei. Wie verändert hat er sich. Jetzt, nachdem sie gemeinsam ihren Schmerz tragen können, muß er nicht mehr in seine Arbeit flüchten. Als die Untersuchungen abgeschlossen sind, darf

Frau Baum wieder nach Hause. Hier in ihrem vertrauten Kreis fühlt sie sich wohl. Sie sitzt wieder in ihrem Lehnstuhl und nimmt am Leben ihrer Familie teil.

In der Weihnachtszeit treffe ich bei ihr zwei Frauen aus ihrem Chor an. Sie haben Frau Baum die Aufzeichnung des Weihnachtskonzertes mitgebracht, bei dessen Proben sie am Anfang noch mit dabei war. Sie möchte es hören, auch wenn sie ab und zu weinen muß. Wir alle werden still bei den reinen Klängen der Choräle, auch sie wird ruhig, weint nicht mehr.

Wir sprechen lange nichts, sitzen einfach zusammen in dieser Runde. Später möchte sie mit uns zusammen Kaffee trinken. Eine große Runde sitzt nun um den Tisch. Ihre Kinder sind da, und auch ihr Mann setzt sich zu uns. Es wird erzählt, – gelacht – und dann folgt auch wieder Schweigen, das die Kostbarkeit und die Vergänglichkeit dieses Augenblickes bewußt macht.

Frau Baums Kräfte lassen nach. Weihnachten feiert sie noch mit Kindern und Enkelkindern. Das Jahr vollendet sich. Frau Baum ist jetzt nicht mehr bei Bewußtsein. Sie atmet schwer. Immer wieder erzählt mir ihr Mann, daß sie nach Weihnachten aufhörte zu essen, auch ihre Medikamente nicht mehr einnimmt. Immer wieder wiederholt er diese Tatsache. Nachdenklich und sehr traurig verlasse ich sie.

Im Jahreswechsel erlangt sie nochmals das Bewußtsein. Einige Tage danach hört sie auf zu atmen. Ihre Tochter ist bei ihr.

Am Tag der Beerdigung sehe ich sie zum letzten Mal. Ich bin alleine mit ihr in dem Raum, in dem sie aufgebahrt ist. Ihr Gesicht, umrahmt von ihren dunklen Haaren, ist für mich wunderschön. Sie hatte sich sehnlichst gewünscht, daß ihre Haare wieder wachsen. Mein Blick wandert zu ihren Händen, sie sind mir jetzt sehr fremd. Zu ihren Füßen liegen Blumen in kräftigem rosa. Die Farbe mochte sie besonders gern.

Immer wieder schaue ich sie an. In meinen Schmerz mischt sich auch Dankbarkeit.

Leise schließe ich die Tür.

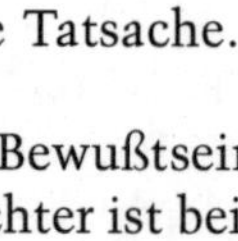

Nicht ins Krankenhaus!

Als ich mich zur Begleitung Schwerkranker und Sterbender entschloß, dachte ich an ein friedliches, liebevolles Dabeisein. Ich war nicht darauf eingestellt, „kämpfend" Partei zu ergreifen, etwas durchzusetzen.

Erste Begegnung
Frau Kraus litt an Lateralsklerose, einer Krankheit, die eine fortschreitende Lähmung verursacht.

Beim ersten Besuch kam sie mir entgegen, schmal und groß, geistig und körperlich sehr beweglich, wach und herzlich. Welch ein Glück, einen trotz schwerster Erkrankung so heiteren Menschen begleiten zu dürfen, waren meine Gedanken.

Ihr Mann, Herr Kraus, still und sanft, überläßt ihr „die Unterhaltung", – obwohl sie seit Monaten kein Wort mehr sprechen kann. Eine prägnante Gestik, lebhafte Mimik und gewandter schriftlicher Ausdruck auf den überall bereitliegenden Schreibblöcken, machen den Austausch möglich.

Ihre Nahrung, die über ein Schläuchlein direkt in den Magen geht, bereitet Frau Kraus, möglichst abwechslungsreich, noch selber zu.

Für die übrige Hausarbeit, auch die Körperpflege und die medizinischen Maßnahmen, kommen täglich noch andere Menschen ins Haus.

Das Alters- und Pflegeheim
Beim zweiten Besuch nennt sie ihr derzeitiges Problem. Sie möchte sich über Alters- und Pflegeheime informieren, möchte sich und ihren Mann anmelden. Andererseits hat sie jedoch Angst, eines Tages in ein Pflegeheim zu müssen. Zu ihrem eigenem Zwiespalt kommt ein anderer hinzu: ihr Mann stellt sich ganz gegen diesen Plan. Er wiederholt, ihn brauche man nirgends anzumelden: „Ich bleib wo ich bin."

Dagegen möchten die vier erwachsenen Kinder ihre Eltern in einem Alters- und Pflegeheim gut versorgt wissen.

Dieser Zwiespalt belastet Frau Kraus zur Zeit mehr als die Krankheit. Sie weint bitterlich. Auf einen Zettel schreibt sie: „Meine Kinder wollen mich....", sie streicht das „mich" durch, „wollen das Problem los sein, darum das Heim".

Wie soll ich mich verhalten? Erst als ich herausspüren kann, was Frau Kraus wirklich will, kann ich handeln. Ich entscheide mich, eindeutig für Frau Kraus da zu sein und mit aller Aufmerksamheit herauszufinden, was für sie das innerlich richtige ist, für sie, die im Ausdruck und Durchsetzen ja sehr eingeschränkt ist, zum Beispiel nicht telefonieren kann. Ich habe inzwischen verstanden, daß ihr ganzes Streben dahin geht, zuhause zu sterben, daß sie sich aber um den zurückbleibenden Mann sorgt und es für ihn in Kauf nehmen würde, mit ihm zusammen in ein Altersheim umzusiedeln. So informiere ich mich zwar über verschiedene Pflegeheim-Möglichkeiten, versuche andererseits, in langen Gesprächen den Töchtern deutlich zu machen, daß es für ihre Mutter nicht das beste wäre, möglichst schnell in ein Heim zu kommen.

Das Krankenhaus

Eine weitere Angst von Frau Kraus bezieht sich auf eine mögliche Krankenhaus-Einweisung, die aber zu diesem Zeitpunkt gar nicht notwendig scheint.

Um so erschrockener bin ich, als ich höre, daß sie plötzlich und ohne akute Veränderung ins Krankenhaus eingewiesen wurde.

„Zur allgemeinen Stabilisierung, zur Gewichtszunahme und um alle Möglichkeiten auszuschöpfen", so erklärt es der Arzt.

Im Krankenzimmer erlebe ich sie zum erstenmal vollkommen elend. Aus dem gewohnten Tagesrhythmus mit ihrem Mann und den anderen helfenden Menschen war sie herausgerissen. Nun der Krankenhausunruhe ausgesetzt sowie verschiedenen Maßnahmen, von denen selbst die Ärzte sagten, man wisse nicht, ob sie helfen, wolle es aber versuchen, schien sie zusehends schwächer zu werden. Sie nimmt nicht zu, sondern ab. So wird dieses Experiment abgebrochen, und man entläßt sie nach einer Woche nach Hause. Von einem dieser Krankenhausbesuche bei ihr behielt ich einen Zettel mit den abgerissenen Sätzen: „Der Arzt–alles tun–es soll Liebe, aber–vergewaltigen mich!"

Die Ernährung

Vom Krankenhaus zurückgekehrt, gibt es ein neues Problem: die Ernährung. Die Kinder hatten eine Frau engagiert, um die Eltern gut bekochen zu lassen.

Bei meinem nächsten Besuch treffe ich Frau Kraus blasser als sonst und sehr bedrückt an. Auf verstohlen gekritzelten Zettelchen teilt sie mir mit, daß sie ihr Essen nicht mehr selbst zusammenstellen dürfe, fast ausschließlich Astronautenkost bekomme und jetzt auch die Verdauung streike. Auf dem Zettel steht: „Ich würde gern selber. Jetzt ist doch Spargelzeit. Aber sie lassen mich nicht." Frau Kraus weint. Nach dem Besuch telefoniere ich mit dem Arzt.

Am nächsten Tag hat Frau Kraus frische Spargel zum Mittagessen, am übernächsten frische Erdbeeren mit Bananen! Sie nimmt das Gemüse und die Früchte vorher in die Hand, riecht daran, schaut sie an. Auch mir wird bewußt, daß Ernährung mehr ist als Nahrungsaufnahme.

Es ist Tasten, Riechen, Sehen – in Verbindungsein mit lebendig Gewachsenem.

Sterben, Tod und Abschied

Es beginnt eine Zeit der größeren Ruhe, für das Ehepaar ein fast heiteres Gleichmaß der Tage.

Aber dann spricht Herr Kraus auf dem Flur flüsternd das erste Mal von der Möglichkeit ihres Sterbens.

Bei seiner Frau werden die lebhaften Bewegungen immer langsamer und der Speichel immer zäher.

Herr Kraus erzählt auch, der Arzt habe für ihn einen stationären Krankenhausaufenthalt vorgeschlagen, um verschiedene chronische Beschwerden abklären zu lassen.

„Aber ich kann doch jetzt nicht weg von meiner Frau! Sie könnte ja sterben, gerade wenn ich fort bin. So schlecht gehts mir ja auch nicht!"

Ich meine, er solle dem Arzt seinen Wunsch, jetzt nicht fort zu müssen, mitteilen.

Zufällig bin ich da, als eine Woche später der Anruf vom Krankenhaus kommt, ein Bett sei frei, Herr Kraus möge morgen kommen. Im Brustton eines energischen Entschlusses teilt er ihnen mit, er könne nicht fort. Verschmitzt blinzelt er mir zu. Ich gehe diesmal etwas eher fort, um die beiden nicht zu stören. Strahlend hat er sich neben seine Frau aufs Sofa gesetzt und nimmt ihre Hand. Sanft streichelt sie ihn und läßt ihren Kopf an seine Schulter sinken.

Frau Kraus braucht inzwischen mehr Betreuung, auch bei

der Körperpflege und beim Anziehen. Die Schwestern von der Diakoniestation kommen morgens, aber es wäre gut, wenn tagsüber immer jemand in der Nähe sein könnte.

Als ich das nächste Mal zu Frau Kraus komme, bin ich selber ratlos und unruhig. Sie ist jetzt so schwach, daß sie meistens liegt. Sie möchte mir aber vieles mitteilen. Mühsam greift sie nach Bleistift und Block. Da steht auf den verschiedenen Zettelchen: „Ich möchte ja sterben, nur wie und wann? Nicht ins Krankenhaus!" Und auf einem anderen: „Seelische Schmerzen sind die schlimmsten. Ich merke ja selber, daß es schlimmer wird. Das ist arg. – Die Seele ist traurig." Und: „Wenn meine Kräfte, der Atem so schwer geht, und kann kein Wort mehr sprechen, Herr, nimm mein Seufzen auf. Von den Sorgen so angespannt."

Auf dem letzten Zettel steht:

„Wollen Sie bitte mit meinen Kindern reden, nicht ins Krankenhaus. Es geht beim besten Willen bei mir nicht mehr – aber was machen – da kann man auf ganz dumme Gedanken kommen."

Ich schiebe die Zettel in die Tasche.

Herr Kraus schaut mich aus dem Lehnstuhl ratlos und traurig an. Sie greift nach meiner Hand, dann faltet sie ihre Hände darüber. Wir beten miteinander. Beim Vaterunser kommt Herr Kraus ganz nah zu uns heran und spricht die letzten Zeilen mit.

Ich sage ihnen, daß ich mit dem Arzt gesprochen habe, daß sie nicht ins Krankenhaus müsse und wir vom Hospizdienst noch mehr begleitende Hilfe bekommen könnten. Unser Abschied dauert diesmal länger.

Am nächsten Morgen sagt Herr Kraus am Telefon mit zittriger Stimme: „Sie haben meine Frau ins Krankenhaus geschafft." Ich bin betroffen. War denn etwas Besonderes, frage ich. Ich hatte den Arzt, der routinemäßig einmal wöchentlich kam, doch anders verstanden. „Ja", sagt Herr Kraus, „aber unser Hausarzt ist seit gestern in Urlaub, und der Vertretungsarzt hat gemeint, meine Frau sei am besten im Krankenhaus aufgehoben. Da haben wir uns doch auch nicht wehren können!"

Niedergeschlagen mache ich mich auf den Weg zum Krankenhaus. Noch zerbrechlicher sieht Frau Kraus diesmal aus in dem weißen Bett und sehr, sehr traurig. Sie macht den Versuch zu lächeln, hebt nur leicht die Schultern, als wolle sie sich entschuldigen, daß es nun doch anders gekommen sei. Herr Kraus kommt, – grau im Gesicht und müde. Man hat ihm gesagt, daß sie im Krankenhaus auch nichts anderes für seine Frau tun könnten, als man daheim getan habe. Am liebsten würde er sie wieder mitnehmen. Sie winkt ab, und zum ersten mal sehe ich in dem zarten Gesicht so etwas wie Bitterkeit und Enttäuschung. Mir ist elend zumute, und ich verabschiede mich.

Zwei Tage später, in den frühen Morgenstunden des Sonntags, ist Frau Kraus gestorben. Sie war allein. Weitere medizinische Maßnahmen waren nicht nötig gewesen.

Herr Kraus möchte seine Frau noch einmal sehen. Am Montag gehen wir miteinander auf den Friedhof, wo sie aufgebahrt ist. Eine der Töchter ist mitgekommen. Behutsam, fast zärtlich streichelt Herr Kraus ihr Gesicht und murmelt immer wieder: „Schön schaust Du aus, schön – jetzt hast's überstanden". – „Sieht sie nicht schön aus?" fragt er mich beim Hinausgehen.

Meine innere Haltung wird immer wieder geprüft

Noch heute frage ich mich gelegentlich, ob es nicht richtiger gewesen wäre, die Begleitung von Herrn Teichmann, durch die ich viele Kränkungen erfahren habe, abzubrechen.

Der siebenundvierzigjährige Herr Teichmann hatte wegen eines schnell wachsenden Gehirntumors zwei Operationen hinter sich. Als ich ihn kennenlernte, erhielt er dreimal wöchentlich ambulant Bestrahlungen.

Im Wechsel mit einem zweiten freiwilligen Helfer sollte ich ihn besuchen und mögliche Hilfen herausfinden.

Bei meinem ersten Besuch lerne ich Herrn Teichmann als

einen hochgewachsenen, mageren, auf höfliche Umgangsformen bedachten, eher distanzierten, gebildeten Mann kennen. Seinen kahlen Schädel, der mit schwarzen Markierungen für die Bestrahlungen versehen ist, hält er fast trotzig, demonstrativ unbedeckt, den durchdringend forschenden Blick auf mein Gesicht gerichtet, um mögliche Reaktionen darin abzulesen.

Herr Teichmann leidet unter erheblichen Gleichgewichtsstörungen. Er klagt über häufige Übelkeit mit Erbrechen, Verstopfung, dann aber wieder Durchfälle und berichtet von starken Schmerzen, denen mit hohen Morphingaben begegnet würde.

In einer Art Selbstgespräch schildert er seinen Lebens- und Krankheitsverlauf. Nur schwer vermag ich seinen Ausführungen zu folgen, da er zeitliche Abfolgen durcheinanderbringt und Wortfindungsschwierigkeiten hat. Manche Begriffe verwendet er sogar in gegenteiliger Bedeutung.

Vorsichtige Nachfragen meinerseits, die mir inhaltliche Hilfen sein sollen, weist er ungehalten zurück.

In der Begegnung mit Herrn Teichmann wird meine innere Haltung immer wieder geprüft. Obwohl ich es mit einem sterbenskranken Menschen zu tun habe, dessen Gehirn durch schwere operative Eingriffe und krankhafte Prozesse in Mitleidenschaft gezogen ist, erlebe ich seine oft verletzenden, auf mich teilweise arrogant wirkenden Äußerungen als Angriff auf meine Person.

Je offener, bereitwilliger und liebevoller ich ihm begegne, desto verletzlicher scheine ich zu sein. Angesichts seines Krankseins mag ich mich nicht kraftvoll wehren, um ihn nicht gleichfalls zu verletzen. Einmal, während eines gemeinsamen Einkaufs, nach zahlreichen kränkenden Bemerkungen, frage ich ihn, ob er mich kränken möchte. Eine zeitlang behandelt er mich danach wie eine Schwerkranke, die besonderer Schonung bedarf, bis er wieder in den alten Ton zurückfällt.

Mit Erstaunen erlebe ich, wie charmant er sich Verkäuferinnen und anschließend den Angestellten in einer Apotheke gegenüber gibt. Ein zigarettenrauchendes junges Mädchen dagegen schockiert er, indem er seinen Hut mit der Bemerkung abnimmt: „Sehen Sie, so geht es ihnen auch mal, wenn sie weiter rauchen", und freute sich sichtlich an ihrem erschreckten Gesicht.

Nach drei mich sehr belastenden, aber von ihm ausdrücklich gewünschten Besuchen in seiner Wohnung, erfahre ich, daß er ins Krankenhaus eingewiesen wurde. Mit einer gewissen Beklommenheit besuche ich ihn auch dort. Er gilt hier als sehr anstrengender und schwieriger Patient, der mehr Forderungen stelle, als dem Personal zu erfüllen möglich sei.

Ich frage mich: Wird er in dieser dem Tod sicherlich sehr nahen Situation duldsamer, weniger verletzend sein können?

Ein Freudenschimmer huscht bei meinem Eintritt in das Krankenzimmer über sein blasses, gequältes Gesicht. Er streckt mir zur Begrüßung die Hand entgegen, um gleich darauf nach der Schwester zu läuten, die er um eine Gefälligkeit bittet, die auch ich ihm ohne Mühe hätte leisten können. Obwohl er kein Gespräch wünscht, möchte er, daß ich da bleibe. Während er immer wieder einschläft, versuche ich positive und stärkende Gedanken zu haben, spreche innerlich Texte und Gebete. Von Zeit zu Zeit blinzelt er unter den Augenlidern zu mir herüber, wie um sich zu vergewissern, daß ich noch da bin.

Ich fühle eine starke Zerrissenheit in mir. Braucht Herr Teichmannn einen Menschen, der ihn begleitet, besser gesagt, braucht er meine Begleitung? Lockt die Begegnung mit mir nicht eher Eigenschaften aus ihm heraus, die ihm in der Sterbesituation schaden? Oder gebe ich ihm durch den Versuch, ihm mit Einfühlung und Geduld zu begegnen, eine Möglichkeit, Wut und Agressionen abzubauen? Aus seinem Lebensbericht weiß ich, daß ihn der Weggang seiner Ehefrau während eines Krankenhausaufenthaltes und die anschließend eingereichte Scheidung tief verwundet hat. Auch das frühe Sterben macht ihn zornig, er hatte noch Pläne und hoffte bis zum Schluß auf einen Aufschub. Das alles läßt mich einen Teil seiner unermeßlichen Wut erahnen und mitempfinden.

Noch zweimal besuche ich ihn im Krankenhaus. Dann stirbt Herr Teichmann.

„Er ist friedlich eingeschlafen", wie die Schwester sagt.

Nein, rückblickend bin ich froh, die Begleitung nicht vorzeitig abgebrochen zu haben.

In dieser Begleitung ist mir bewußt geworden, wie wenig wir manchmal von den Tiefen des anderen Menschen, seinen Verletzungen und seelischen Schmerzen wissen, die sich dann für uns in einer so schwer verstehbaren und schwer auszuhaltenden Weise darstellen.

Allein und einsam

Beinahe drei Jahre habe ich Herrn Kost gekannt. Es war manchmal schwer für mich, ihn zu begleiten, und jetzt, eine Woche nach seiner Beerdigung, denke ich, daß er, trotz aller äußeren Begleitung und Hilfe, allein und einsam gestorben ist. So wie er auch im Leben alleine war. Aus seiner Lebensgeschichte heraus, abgeschoben von den eigenen Eltern, wuchs er in einem Heim auf. Er heiratete sehr früh, wurde dann aber von seiner Frau wegen eines anderen Mannes verlassen. Nachdem er diese Trennung überwunden hatte, wurde seine eigene Krebserkrankung festgestellt. Durch lange Krankenhausaufenthalte verlor er seine Arbeit. Sein Leben war geprägt von Verlusterfahrungen. Verlust der Eltern, der Frau, der eigenen Gesundheit, der Arbeit und auch von Freunden. So ist es verstehbar, daß Herr Kost nur schwer vertrauen konnte. Er hatte gelernt, alleine zu kämpfen, und nun konnte er aufgrund seiner Erkrankung nicht mehr aufstehen und war auf Hilfe angewiesen. Geklagt hat er deswegen nur selten – nur manchmal lag Bitterkeit und Enttäuschung in seinen wenigen Worten. Aufgrund der Atemnot und Schwäche redete er wenig, lenkte sich durch die Beschäftigung am Computer ab.

Im Zusammensein mit Herrn Kost bin ich oft an meine Grenzen, an eigene Unsicherheiten gestoßen. Besonders schwierig war für mich, daß seine Anweisungen durch seine Atemnot sehr kurz, knapp und in befehlenden Ton kamen und exakt so ausgeführt werden mußten, wie er es wollte. Entsprachen sie nicht seinen Vorstellungen, so mußten sie wiederholt werden.

Aus dem Wissen, mit wieviel Angst und innerer Einsamkeit er lebte, konnte ich sein Verhalten verstehen und konnte ihm mit viel Geduld begegnen. Aber andererseits fühlte ich mich manchmal auch verletzt, wehrlos dem hilflosen Mann gegenüber, vielleicht so wie als Kind, als ich mich gegen Ungerechtigkeiten nicht wehren durfte, weil ich unterlegen war; so durfte ich mich jetzt nicht wehren, weil der Andere hilflos war. Wie abhängig war ich doch von Lob und Anerkennung, wollte alles möglichst richtig machen und war dann verletzt, wenn es doch nicht richtig war.

Ich mußte mich dann immer wieder ganz bewußt von meinen eigenen Gefühlen lösen, indem ich mich in Herrn Kost hineinversetzte und mich so wieder für ihn öffnen konnte. Die Begleitung bedeutete Auseinandersetzung und Arbeit an mir selbst.

Gerade Dinge zu tun oder so zu tun, wie sie gegen meine eigene Art und Weise gingen, fiel mir so schwer, und doch kann ich jetzt sehen, welchen Gewinn ich selber durch mein Bemühen um diese Bereitschaft hatte.

Letzte Wünsche

Auch der sterbende Mensch hat noch viele Wünsche – manchmal letzte Wünsche, wie z.B. der Wunsch, die Heirat der Tochter mitzuerleben, den Sohn aus dem Ausland noch einmal zu sehen, vielleicht ein klärendes Gespräch mit einer Person zu führen, mit der er in Spannungen gelebt hat oder Freunde zu einem Abschiedsfest einzuladen oder auch in der Regelung ganz praktischer Dinge für sich selbst oder für nahestehende Menschen.

Es ist erstaunlich, wie der sterbende Mensch all seine Kräfte sammelt, um diesen Zeitpunkt, diesen Moment der Erfüllung zu erleben, aber dann auch seine Lebenskraft erschöpft ist, er losläßt und dann oft stirbt.

Sehr häufig ist der Wunsch, zu Hause, in der vertrauten Umgebung, sterben zu dürfen. Und manchmal, wenn die Kräfte nachlassen und schon Jahre der Krankheit vorausgingen, ist es nur noch der Wunsch, sterben zu dürfen.

Für den begleitenden Menschen ist die Verwirklichung und Erfüllung dieser Wünsche in der Nähe des Todes so oft eine ganz besonders beglückende Erfahrung.

Wir spüren, welches Glück für uns darin liegt, einem anderen bei der Erfüllung eines Wunsches helfen zu können. Sein Erfülltsein wird im gleichen Moment zu unserer Freude, sein Erleben teilt sich uns als Glück mit.

Eine andere Dimension der Erfahrung liegt darin, daß wir für Augenblicke die Kostbarkeit von Ereignissen, Menschen, Dingen so deutlich sehen, wie es uns im eigenen „lebensvollen" Leben gar nicht möglich ist.

Diese Kostbarkeit, die uns verstehen läßt, was uns alles Geschenk und Gabe sein kann, wenn wir mit „wirklich sehenden Augen" schauen.

Nach Hause kommen, um zu sterben

Frau Maier empfängt mich zurückhaltend: „Ich habe noch so viel zu tun", sagt sie. Dann aber läßt sie sich gerne in ein Gespräch ein.

Vor einunddreißig Jahren hatte Frau Maier ihren Bräutigam, einen Tag vor der Hochzeit, im Krieg verloren.

Mit neununddreißig heiratete sie dann Anton, „einen einfachen, ehrlichen Mann".

In ihrer Ehe haben sie alles miteinander gemacht – auch die Alltagserledigungen, wie zum Beispiel das Einkaufen.

Vor einem halben Jahr ist er nun an der Prostata operiert worden – aber, er hat sich nie wieder ganz von dieser Operation erholt.

Im Mai mußte er wieder ins Krankenhaus: Magenkrebs mit Lebermetastasen.

„Er weiß nichts davon" – möchte nur unbedingt aus dem Krankenhaus entlassen werden.

Fünf Tage später kommt Anton Maier nach Hause. Ich bleibe bei ihm, damit sich seine Frau etwas hinlegen kann.

Er fühlt sich sehr erleichtert. Im Gespräch macht er Andeutungen, heute zu sterben.

Am Abend ruft mich seine Frau an: Ihr Mann ist eben gestorben.

Wissen Sie, ich warte darauf ...

Es ist Anfang Mai. Draußen, die Natur, es ist so wunderbar, alles grünt, blüht, entfaltet sich, strebt ins Leben. Frau Weber liegt in ihrem Bett, ich weiß nicht, ob sie dieses Blühen und Duften dort draußen noch wahrnimmt, noch wahrnehmen kann. Frau Weber hat Menschen um sich herum, die sich sehr um sie sorgen. Der Sohn aus Amerika ist seit einigen Wochen bei der Sterbenden. In drei Tagen wird er wieder zurück müssen. Er wird seine sterbende Mutter zurücklassen, er weiß, daß der Abschied endgültig sein wird.

Zur Pflege bleiben ihr eine Tochter, eine Schwägerin und eine liebevoll sorgende Nachbarin.

Frau Weber erzählt gerne von ihrem Leben. Beim Erzählen wird sie immer lebendiger, freudiger, und vielleicht sind in diesen Augenblicken des Erinnerns die Bilder der Vergangenheit stärker und lebendiger als die Gegenwart.

Auch sie war in den USA gewesen, sie erinnert sich an ihre Arbeit, an die Zeit der Ausbildung, an ihre Ehe. Auf kurze Zeit gedrängt zieht ein Lebenspanorama an ihr vorüber.

Sie wirkt in diesen Augenblicken geistig so rege, daß sie mir fast jung erscheint; aber ihr Körper, daran kann ich nicht zweifeln, ist schwach, hat schon die Kraft zum Leben abgegeben.

Frau Weber möchte nur noch Tee trinken, nein, sie möchte nichts mehr essen.

Am Ende des Besuches sagt sie mir leise:

„Wissen Sie, ich warte darauf, daß ich sterben darf, ja, ich möchte so gerne sterben."

Das Fruchtfleisch kommt von der Erde, der Duft vom Himmel

Die zierliche Erscheinung, ich sehe sie vor mir: zerbrechlich, doch in Haltung und Schritt kraftvoll und bestimmt. Die kühne Nase, die lebhaften Augen. In eigentümlichem Kontrast dazu die gepflegte Haarpracht, gekrönt von einem jeweils besonderen Hut unübertrefflicher Eleganz.

Ich hatte sie längere Zeit nicht gesehen und freue mich, als mich eine Karte aus Frankfurt erreicht. Doch was da ganz lapidar steht, das erschreckt mich: „Kurz gesagt, es geht mir schlecht. Krebs. Ich möchte mein Ende einrichten. Wie weit ist Ihre Hospizeinrichtung? Großes Interesse."

Zwei Wochen später besuche ich sie im Krankenhaus. Wenn ich geglaubt hatte, eine blasse und leidende Frau in den Kissen zu finden, so hatte ich mich getäuscht. Aufrecht sitzend im Bett empfängt sie mich. Ich sage ihr, wie schön sie aussehe, da freut sich die über Achtzigjährige ganz unverholen: „So, das ist recht. Dann wirds am Lebensende noch ein bissel besser mit mir. Wissen Sie, mein Herrgott hat mich nicht gerade mit Schönheit ausgestattet. Meinen Vater hat's gegrämt. Als Kind mußte ich immer mit einem Nasenformer ins Bett, ich hätt halt schöner sein sollen. Nur mit meinem Haarschopf, damit war ich immer zufrieden. Da hat der Herrgott wohl gedacht: die Schönste bist ja nicht, dafür kriegst du ein feines Perückchen – und ich hab's ja wirklich gebraucht, beruflich."

Sie erzählt von ihrem Hutgeschäft. Ja, schaffen, schaffen, bis zum Umfallen.

„Und das Schönste, fromm waren wir auch noch. Freizeit, das war Bibelstunde, Kirchenchor, Gottesdienst – aber alles in allem, geschadet hat's nix."

„Nur" – fügt sie nach einer Pause hinzu und bricht ab.

„Nur" – wiederhole ich leise.

„Zum Heiraten hat's halt nicht gelangt ... und mit der Nase ... der Vater hatte ja recht. Und im Geschäft hat man mich gebraucht."

„Dann haben Sie nicht geheiratet?"

Jetzt blitzt wieder die heitere Lebendigkeit aus ihren Augen. „Das hab ich nicht. Erst hat mein Egon gewartet, dann hat er eine andere genommen. Vor fünf Jahren ist sie gestorben. Was glauben Sie denn, warum ich so oft in Frankfurt bin? Wir hatten noch eine gute Zeit. Aber mein Egon wird sechsundachtzig und ein bissel tapperig. Und mit mir geht's auch zu End. Das hat schon seine Richtigkeit.

Jetzt sieht sie müde aus. Ich helfe ihr, sich hinzulegen. „Kommen Sie nächste Woche wieder?"

Sie hat mich entlassen! An der Tür schaue ich mich noch mal um, diese zarte Gestalt im Spitzenhemdchen.

Genau nach einer Woche bin ich wieder da. Die Sonne scheint herein, und wie sie so in ihrem Kissen sitzt, gleicht sie einer kostbaren Rosenknospe, sehr zart und zugleich von erstaunlicher Frische.

Auf meine Frage, wie sie, seit etwa drei Wochen ohne feste

Nahrung, so kräftig sein könne, antwortet sie strahlend: „Ich ernähre mich vom Duft der Früchte. Früher, da hat man reingebissen und gar nicht gemerkt, daß der Duft das Köstlichste ist. Ich denke halt, das Fruchtfleisch kommt von der Erde, der Duft vom Himmel. Unser Herrgott hat den Früchten den Duft gegeben – davon kann man sich ernähren."

Scheibchenweise schneidet sie eine Passionsfrucht auf, eine Banane und nimmt den Duft zu sich. Sie hält mir eine aufgeschnittene Erdbeere hin. Ich rieche daran: – Erdbeerduft, Sommerduft.

„Riechen Sie den Himmel?"

Ich fürchte, so weit bin ich noch nicht. Sie schmunzelt: „Dabei weiß mein Herrgott genau, was ich für ein Gourmandle bin." „Gourmand-le, was ist das?" – „Das wissen Sie nicht? Das ist ein Gourmand, ein Feinschmecker, kein protziger, einer, der nur ein bißchen Essen braucht. Aber gut muß es sein. Ich war immer eine Feinschmeckerin mit der Zunge, jetzt bin ich halt eine mit der Nase – so hat die auch ihr Gutes."

Sie sagt mir, daß sie zuhause sterben möchte, und ich verspreche ihr, mich um diese Möglichkeit zu kümmern. Antonia, die Schwester ihrer rumänischen Haushaltshilfe, ist bereit, die letzte Zeit bei ihr zu wohnen, so kann sie wirklich zurück in ihr geliebtes Haus.

Als ich klingele, kommt mir Antonia entgegen: „Aus dem Krankenhaus gekommen – sie war beinah tot. Hat niemand erkannt. Aber jetzt! Sie ist ein Wunder – jetzt ist sie ein neuer Mensch."

Ich freue mich über Antonias Begeisterung und wiederhole beim Hineinkommen ins Zimmer: „Ein neuer Mensch ... Ist es gut hier zu Hause?"

Unsentimental kommt die Antwort: „Ein neuer Mensch? Schon recht. Zum Sterben braucht's einen neuen Menschen. Aber der alte Mensch hat eine Bitte an Sie. Antonia braucht ein neues Gebiß. Das kriegt sie in Rumänien nicht so leicht. Können Sie ihr helfen, einen Zahnarzt und Kieferorthopäden zu finden? Es muß schnell gehen. Die Zeit meines Sterbens muß für ihr Gebiß reichen. Sie hat die Aufenthaltsverlängerung nur bis zu meinem Tod."

Beim nächsten Besuch nimmt Antonia mich auf die Seite. „Sie spricht oft – niemand ist im Zimmer. Sie sagt: Was machst du denn hier Mutterle, sieht man dich auch mal wieder. Ihre Mutter ist schon lange tot! Und gestern hat sie mit dem toten Bruder geredet."

„Macht es ihnen Angst?" frage ich Antonia. Sie beginnt zu weinen, diese große starke Frau, und nimmt mich wie schutzsuchend in die Arme.

Als wir hereinkommen, scheint sie zu schlafen. Aber gleich öffnet sie die immer noch wachen Augen und sagt leise: „Jetzt ist's nimmer lang."

Antonia hat eine Kerze angezündet, und wir sitzen auf beiden Seiten des Bettes.

Antonia betet in ihrer Sprache und weint leise vor sich hin.

Wieder öffnet sie die Augen und schaut mich an. Langsam faltet sie die Hände. Wir sprechen das Vaterunser, Antonia auf rumänisch. Danach ist es ganz still. Nach einer Weile stehe ich auf, beuge mich über sie und sage: „Ich muß jetzt gehen."

Sie schaut mich an und sagt leise: „Ja, ich auch."

Zeit ...?

Schon in Tagen, wenn wir krank sind, uns nicht wohlfühlen, können wir bemerken, daß sich unser Empfinden der Zeit gegenüber verändert.

Schon eine durchwachte Nacht oder die Erfahrung von Schmerzen führt uns sehr schnell an unsere eigenen inneren Grenzen, an denen wir mit Unmut, Langweile, Verzagtheit und Auflehnung reagieren können.

Um wie vieles mehr und stärker erfährt der Sterbende und mit ihm auch die begleitenden Menschen einen starken Einbruch in die gewohnte Vorstellung von Zeit, ja manchmal wird sie so eigentlich erst bewußt und erfahrbar.

Da ist zum einem die Unsicherheit der Zeit gegenüber, die Frage: Wieviel Zeit bleibt mir noch? Wann ist meine Zeit zu Ende? Und auch: Wird es noch lange gehen? Wie lange muß ich noch leiden?

Für die pflegenden und betroffenen Angehörigen und Mitmenschen um ihn herum mag es auch bedeuten: Wie lange kann ich diese Last noch tragen? Wie lange halte ich noch durch? Oder auch: Wann wird der geliebte Mensch endlich von seinem Leiden und seinen Schmerzen erlöst? Gedanken, die uns vielleicht selbst erschrecken, aber auch sehr verständlich sind.

Aber auch das innere Erleben der Zeit kann sich auf starke Weise verändern: Manchmal, wenn der andere Schmerzen hat oder wir in der Nacht bei ihm wachen, scheint die Zeit zu lang. Da ist der Sterbende, der alle drei oder vier Minuten fragt, wie spät es jetzt sei und dann ganz betroffen reagiert, wenn wir sagen, daß es nur ein paar Minuten her sei, seid er das letzte Mal gefragt habe. Und auch wir fühlen uns der Zeit hilflos ausgeliefert, zählen bei einer Nachtwache die Stunden, die Minuten, ja auch die Sekunden, bis der Morgen, das Licht uns von der Dunkelheit, der Stille der Nacht erlöst. Oftmals braucht es unsere ganze innere Kraft, mit dem Sterbenden die Zeit mit auszuhalten.

Manchmal ist die Zeit, die uns miteinander gegeben wird, aber auch viel zu kurz. Wir haben uns vielleicht erst gerade vor wenigen Monaten mit der Diagnose der Erkrankung auseinander gesetzt, wie ein Schrecken kam sie damals für uns, wir haben uns eben erst von dem Schrecken erholt, wieder Hoffnungen geschöpft, und dann stürzen mit einer Wiedererkrankung alle Hoffnungen und Pläne zusammen. Es scheint alles viel zu schnell zu gehen, so daß wir es eigentlich kaum begreifen können. Oder der andere Mensch liegt schon längere Zeit im Sterben, wir wissen, daß er bald sterben wird, in einem Monat, in einer Woche vielleicht und sind dann ganz überrascht, wenn er schon heute stirbt. Trotz allen Wissens kommt der Tod viel zu plötzlich und zu schnell. In einem anderen Fall waren wir im Moment des Todes des geliebten Menschen nicht dabei, und uns belasten Schuldgefühle, den Anderen nun doch ganz alleine, ja sogar im Stich gelassen zu haben.

Oft bleiben dann Fragen unbeantwortet oder aufgeschoben, und wir können sie dann nicht mehr besprechen. Uns belasten innere Vorwürfe und Schuldgefühle, wie z. B. „Hätte ich doch nur“ … „Wenn ich das gewußt hätte …“. Diese inneren Fragen begleiten uns häufig noch sehr lange, manchmal unser ganzes Leben, verändern und prägen uns. Zeit, Abstand kann uns hier helfen, uns selber in unserem vermeintlichen Fehlen zu verstehen. Verstehen, daß wir damals nicht anders reagieren konnten. Zeit kann uns hier helfen uns mit unseren Grenzen anzunehmen, den anderen um Verzeihung zu bitten, uns selbst zu vergeben und aus dem Erfahrenem zu lernen, uns zu verändern. Oder wir erkennen, daß es für den sterbenden Menschen vielleicht leichter war, alleine zu sterben, es für ihn leichter war, loszulassen und er so nicht so schmerzlich den Abschied von den geliebten Menschen gespürt hat.

In der Begleitung eines sterbenden Menschen kann uns auch die Relativität der Zeit, die wir in unserm Alltagsleben als objektiv meßbar erleben, deutlich werden. So sagte eine Sterbende: „Die da draußen, die wissen gar nicht, was sie haben, sie haben ihre Zeit, und sie wissen es nicht, sie hetzten immer nur durchs Leben, sie leben alle so furchtbar schnell. Ich bin so dankbar, jetzt einfach viel, viel Zeit zu haben." So hatte sie, deren Zeit so begrenzt war, grenzenlos Zeit. Oder ein junger Mann sagt mit sechsundzwanzig Jahren: „Ich habe mein Leben gelebt. Ich bin bereit zu sterben." Was zählt da schon die äußere, meßbare Zeit im Verhältnis zu der Intensität der gelebten und erlebten Zeit.

In der Zeit des Sterbens verliert sich die Zeit auch, indem immer mehr Erinnerungen aus der Jugendzeit oder Kindheit auftauchen, die damalige Zeit als Gegenwart erlebt wird oder auch, daß sich der sterbende Mensch anderen, schon verstorbenen Menschen viel näher fühlt. Häufig spricht er mit ihnen, sieht sie vielleicht in einer Ecke des Raumes und fühlt sich oftmals von ihnen abgeholt. Es ist, so als ob sich Zeit und Raum auflösen.

Viele Menschen, die sich dem Tod nähern, scheinen ein ganz bestimmtes Wissen „ihrer" Zeit zu haben. „Am Gründonnerstag, da werde ich sicher gehen!" – Oder auch: „Ja, am sechsten Juli, da denke ich; habe ich es geschafft." Vielen ist eine bestimmt Uhrzeit bekannt: „Um sechs Uhr, da muß ich am Flughafen sein, da holt mich mein Bruder ab ... ":

In der Begleitung eines sterbenden Menschen gibt es Momente, wo auch wir herausgehoben werden aus der Zeit, durch die intensiven Begegnungen im Gespräch oder im schweigenden Miteinander-Sein, daß wir teilhaben dürfen an einer Art „Zeitlosigkeit", in der wir einen Hauch von Ewigkeit erfahren.

Das mögen Augenblicke, Minuten oder auch Stunden gewesen sein, wo auch für uns die Zeit stillsteht, und wenn wir aus diesen beglückenden Erfahrungen wieder zurück in unseren Alltag kommen, können wir oft feststellen, daß wir eine tiefe Dankbarkeit empfinden für die Zeit, die wir noch haben.

… einmal bin ich gegangen!

Als ich gegen Abend das Zimmer betrat, wo Herr Fahl lag, saßen seine Frau, seine drei Töchter und Schwiegersöhne bei ihm. Herr Fahl lag in einem Zweibettzimmer. Er hatte Bronchialkrebs und lag jetzt schon seit Wochen in diesem Krankenhaus und hoffte immer noch auf Besserung. Seine Frau und seine Familie verabschiedeten sich von ihrem „Papa".

Sehr erschöpft nickte er mir dann zu, legte den Kopf zur Seite und wollte schlafen. Ich setzte mich an den kleinen Tisch, wenige Schritte von seinem Bett entfernt. Nach einiger Zeit wurde der Patient im anderen Bett munter, sah mich und schien sehr erfreut über diese Abwechslung einer Nacht… Nach einem kurzen „Hallo" fing er übergangslos an, mir seine Lebens- und Krankheitsgeschichte zu erzählen. Immer und immer wieder, auch von seiner langen Zeit mit Herrn Fahl und daß sie sich so richtig angefreundet hätten – Leidensgenossen geworden seien.

Herr Fahl wurde zunehmend unruhiger. Aber der Bett-Nachbar schien so zufrieden, nun endlich einmal einen Menschen gefunden zu haben, dem er alles, was ihm auf dem Herzen lag, erzählen konnte.

Als Herr Fahl seinen ersten Husten- und Atemnotanfall bekam, klingelte ich nach der Schwester. Sofort bekam er eine schmerzlindernde Spritze. Bevor er wieder einschlafen wollte, schaute Herr Fahl mich an und meinte ganz leise, nun sei ich ja lange genug bei ihm gewesen, ich könnte jetzt nach Hause gehen. Ich antwortete ihm, daß ich bald gehen würde, wenn er es denn wünschte. Ich wollte noch ein wenig abwarten, ob er ruhig würde schlafen können. Er nickte mir zu, meinte aber dann zögernd noch einmal, eigentlich dürfte ich ruhig gehen, ich könnte ja schließlich nicht die ganze Nacht hier sitzen, und ich müßte ja auch schlafen. Ich antwortete ihm, daß es mir richtig gut bei ihm ginge, denn zu Hause könnte ich nicht so ruhig dasitzen, sondern müßte arbeiten, bügeln und so… Herr Fahl schmunzelte ein wenig, sagte aber nichts mehr vom Gehen. Diese Ruhezeit wollte er mir wohl schenken. Beim nächsten Hustenanfall hielt ich ihn im Arm, ein Mensch mit noch ungefähr 45 Kilogramm – und versuchte ihm durch Abklopfen ein wenig Erleichterung zu verschaffen. Danach erfrischte ich ihm das Gesicht und rieb ihm den Rücken ein. Erleichtert ließ er sich wieder in die Kissen sinken.

Als ich mich morgens verabschieden wollte, Herr Fahl war sehr schwach geworden, winkte er mich zu sich herunter. Ich glaubte, er wolle mir noch etwas sagen und beugte mich ganz dicht zu ihm. Er sagte nichts, aber er verabschiedete mich mit einem Kuß.

Mit welchen Kleinigkeiten des Gebens und Nehmens können wir uns gegenseitig glücklich machen.

Am nächsten Abend war ich wieder bei ihm. Er lag jetzt in einem Einzelzimmer, war nicht mehr ansprechbar und sehr sehr unruhig. Er lag ganz klein und ängstlich in seinem Bett. Laufend fuchtelten seine Arme durch die Luft und schienen unsichtbare Angriffe abzuwehren. Er duckte sich und hatte große Angst. Beruhigungsmittel halfen nur eine kurze Zeit.

Auch ich wurde immer unruhiger und zunehmend nervöser. Ich hatte mir unbewußt zu viel zugemutet. Ich merkte, daß ich nicht ganz wirklich da war. Was war geschehen? Am Tag zuvor war mein Sohn mit einem Nierenriß nach einem Sportunfall ins Krankenhaus eingeliefert worden. Auch er lag mit Schmerzen, und seine Verlobte und ich waren den ganzen Tag bei ihm gewesen. Er war erleichtert, aber von Schmerzen müde und geschwächt eingeschlafen, so daß wir eigentlich sehr beruhigt nach Hause gefahren waren. Und nun saß ich bei Herrn Fahl und merkte, daß ich trotzdem mit meinen Gedanken bei meinem Sohn und nicht bei ihm war. Ich fand das sehr unehrlich.

Nach einem langen Kampf mit meinen innersten Gefühlen erzählte ich Herrn Fahl, was meinem Sohn passiert war, und daß ich überhaupt nicht mehr in Ruhe hier bei ihm sitzen könnte, weil ich ja gar nicht wüßte, ob mich mein Sohn nicht auch braucht. Ganz traurig streichelte ich noch einmal die unruhigen Hände von Herrn Fahl, sagte ihm „tschüs" und ging. Ich war verunsichert und erleichtert zugleich, daß ich mich entschieden hatte.

Drei Stunden später ist Herr Fahl gestorben. Ich bin heute ganz sicher, daß es richtig war zu gehen, denn mit meiner Unruhe im Herzen konnte ich ihm keine gute Hilfe sein.

Das nicht wahrgenommene Zeichen

Ich gehe für zehn Tage in Urlaub. Auf der Reise lese ich die Anzeige von seinem Tod. Ich bin erschüttert. Aber hatte er nicht bei unserem Abschied Zweifel geäußert, ob wir uns wiedersehen würden? Und ich hatte diese Zweifel nicht verstanden – spürte ich ihn im Gespräch doch so wach, bewußt und lebendig. Ich bin erschüttert – so schnell!

Immer wieder die Erfahrung: Wie wenig wissen wir doch von unserem Sein hier auf der Erde.

Einige Tage vor meinem Urlaub wurde mir von einem Kollegen ein Gespräch durchgestellt. Ein Mann, den ich zunächst schwer verstehen konnte, war am Telefon. Er war vor vier Tagen das zweite Mal am Magen operiert worden. Er weiß nun, daß er mit der Krebserkrankung leben muß und will nach Wegen suchen. Ob ich ihm und seiner Frau dabei helfen könne?

Am nächsten Tag besuche ich ihn und seine Frau im Krankenhaus. Ein großgewachsener Mann mit wachen, lebhaften Augen sitzt im Krankenbett. Er erklärt mir zunächst die Operation, zeigt mir die vielen Pflaster und berührt sie liebevoll, so als ob er die Wunden dadurch heilen solle. Selten bin ich so viel Direktheit begegnet.

Erst im Mai dieses Jahres wurde die Krebserkrankung erkannt und operiert. Er wurde mit viel Hoffnung entlassen.

Beide, er und seine Frau, hatten das Gefühl: Wir schaffen es! Es ist Krebs, aber wir als Familie können damit leben. Sie verbringen einen schönen Urlaub in Portugal und machen kleine Spaziergänge dort. Aus ihrem Erzählen wird deutlich, daß sie gut mit den körperlichen Grenzen umgehen konnten. Dankbar waren sie für das ihm gegebene Leben, dankbar, Stille und Ruhe im Zusammensein genießen zu dürfen.

Einige Tage nach diesem Urlaub wurde ihm dann nach dem Essen einer Suppe übel, sein Bauch blähte sich auf, er bekam Schmerzen. Er mußte ins Krankenhaus und wurde zum zweiten Mal operiert. Der Krebs hatte sich weiter ausgebreitet.

Bei unserem gemeinsamen Gespräch bewegt mich sehr die Offenheit und die Liebe zwischen ihm und seiner Frau. Sie weinen, halten sich die Hände, versuchen einander auf diesem schwierigen Weg des Abschieds zu begleiten. Im Äußeren werden sich ihre Wege trennen, während sie sich im Inneren stärker verbinden. In dem Schmerz, den beide empfinden, ist auch viel Dankbarkeit für ihre gemeinsame Zeit da.

Und auch ich habe das Gefühl, von beiden in dieser Begegnung durch ihre Liebe beschenkt worden zu sein. Ich verabschiede mich mit dem Vertrauen, ihn wiederzusehen – nehme sein Signal nicht wahr. Immer wieder ein Lernen, noch viel achtsamer in der Begegnung mit Menschen zu sein.

Paul ist schon tot – Rainer wird bald sterben

Paul lerne ich leider nicht mehr kennen.

Als ich Rainer, seinen Freund besuche, ist Paul schon tot und wird gerade vom Beerdigungsinstitut abgeholt.

Rainer wirkt heute ruhiger als die Tage zuvor am Telefon.

Jetzt ist er froh, daß Paul erlöst ist.

Sieben Jahre haben sie zusammengelebt und in dieser Zeit gelernt, ihre Unterschiedlichkeit zu akzeptieren. Der eine: kontaktfreudig, offen, sportlich, der andere: eher zurückgezogen, ein „Bücherwurm", – er hat sich ja auch jetzt, als erster von den beiden, aus dem Leben zurückgezogen.

Auch Rainer wird bald sterben. Er ist genauso wie Paul an AIDS erkrankt.

Angst vor dem Tod hat er nicht.

„Paul hat mir den Weg gezeigt, und ich habe mein Leben voll und ganz gelebt.

Auch ich werde wieder Menschen finden, die mich begleiten."

Seine Mutter, zu der er eine sehr enge Beziehung hatte, „ist ja auch schon dort."

Ich bin tief bewegt und beschenkt von seinem Vertrauen.

Darüber reden wir ein andermal ...

Ein Tag der Schneeschmelze. Auf der Fahrt zu dir hatte ich schwere Schneemassen die Dächer hinunter zur Erde rutschen sehen. Es ist der Tag, an dem ich dich das letzte mal sehen werde. Ich weiß es. Ich versuche, in deinen Augen zu ergründen, was du weißt. Ich kann nicht in ihnen lesen, finde keine Antwort. Hattest du Heilung gesucht, als du hierher kamst, in die Heil- und Kurklinik, oder suchtest du einen Ort, der es dir ermöglichte, in Ruhe sterben zu können? Auch diese Fragen gehören zu denen, die offen bleiben werden, die mich in meinem Leben weiterbegleiten werden.

Du hattest Brustkrebs, und es hatte eine Zeit gegeben, wo man dir mit radikaler Klarheit gesagt hatte, daß es für dich keine Chance des Überlebens geben würde. Du hattest dich von dieser Prognose treffen lassen, hattest dich ihr ausgesetzt, hattest versucht, sie anzunehmen und hattest dich dann entschlossen, um dein Leben zu kämpfen.

Nun liegst du da, seit dem Beginn deiner Erkrankung sind nur Monate vergangen, jetzt kämpfst du mit den Schmerzen und der Atemnot. Jeder Augenblick ist für dich unerträglich. Dein Körper ist unruhig und versucht fast ohne Unterlaß, sich durch eine Veränderung der Lage Linderung zu verschaffen. Auch mir ist es unsagbar schwer, dich so zu sehen. Nach der Einnahme des Schmerzmittels wirst du ruhiger. Plötzlich lachst du sogar, nennst mich beim Namen, und für Augenblicke ist alles so wie früher.

Ich schäle dir einen Apfel und schneide ihn in kleine Stükke. Du betrachtest aufmerksam jedes von ihnen, genießt den Geruch, den Geschmack. Das ist der erste Apfel, den du nach langer Zeit des Fastens ißt. Du hattest versucht, den Krebs zu bekämpfen. Du hattest gesagt: „Ich gebe ihm einfach nichts mehr zu essen, ich hungere ihn aus", und hattest gelacht.

Unvermittelt sagst du zu mir: „Das, was uns betrifft, darüber reden wir ein andermal."

Ich höre deine Worte, verstehe ihren Sinn, in mir schreit eine unhörbare Stimme: Nein, nie wird es ein andermal geben. Aber meine Augen blicken in die deinen, und ich höre mich sagen: „Ja, es ist gut so."

Es wird Abend. Noch sind die Tage so kurz, es dämmert so

früh. In dem ohnehin geräuschlosen Haus scheint es noch stiller zu werden. Ein Totenhaus, denke ich, dabei ist es eine Kurklinik, ein Haus der Genesung.

Auch im Zimmer wird es langsam dämmrig. „Du mußt nun gehen!" Ich zögere einen Augenblick und erwidere: „Ich muß nicht gehen, ich kann bleiben …". Und nach einem Moment der Stille höre ich dich noch einmal: „Doch, geh nun, es ist besser."

Ich ziehe meinen schweren Wintermantel an. Wir umarmen uns, schauen uns an. Es gibt keinen „Grund" mehr, weiter am Bett zu stehen. Meine Füße gehen zur Tür, meine Hand drückt die Klinke herunter, ich blicke noch einmal zurück. Ich sehe deinen Rücken, den erhobenen Arm, die Hand, die winkt. Ich schließe die Tür leise von außen, warte noch eine Weile, es bleibt still. Anderthalb Tage später bist du gestorben – allein.

Komm wir gehen heim

Wie kann ich einem solchen Sterben beistehen, wie einem so bedrängten Menschen gerecht werden? Ohnmacht und Hilflosigkeit von einem Augenblick zum andern.

Da liegt ein Mensch, eine Frau, am Ende ihres Lebens. Sind es noch Stunden, Tage, die ihr gegeben sind? Für sie findet wohl ununterbrochene leidvolle Gegenwart statt. Unruhe und Schmerzen quälen sie. Ausgedörrt, brandig die Lippen. Die einzigen Worte, die ich verstehen kann sind: „Was kann man da tun?"

Ich stehe hilflos diesem Moment, dieser Frage, diesem Menschen gegenüber. Es gibt jetzt nichts, das getan werden könnte, es gibt keine Linderung. Die Nacht hat begonnen, und sie muß durchgestanden werden.

Wie viele Sekunden hat eine Nacht? Sie, die Sterbende wird es am Morgen erfahren haben, wie viele es sind. Sie wird es erlebt haben, durchstanden haben, wenn ihr diese Nacht nicht eine endgültige Ruhe schenkt. Aber noch atmen die Lungen, das Herz schlägt schnell unter meiner aufgelegten Hand. Der leidende Körper, der leidende Mensch versucht alle Augenblicke, eine andere, erleichternde Stellung einzunehmen. Es gibt sie nicht.

Neben ihr, in der zweiten Hälfte des altertümlichen Ehebettes liegt ihre Schwester. Ein großer Kissenberg trennt die beiden voneinander, er nimmt ihr die Sicht auf die leidende, kämpfende Schwester. Vermutlich kennt sie jeden Atemzug ihrer Lebensgefährtin und weiß um sie. Die Ältere, für die bisher immer gesorgt worden war, sitzt nun aufrecht in ihrem Kissenberg, sorgt sich um die „Junge". Nein, schlafen könne sie nicht, schon seit langem nicht mehr richtig, antwortet sie auf meine Frage, ob sie sich nicht bequemer hinlegen wolle. So oft ich in dieser Nacht in das matt erleuchtete Zimmer trete, sehe ich sie mit gefalteten Händen, immer in der gleichen Stellung.

Eine lange Nacht wird es für die beiden werden.

Auf meine Frage, ob sie einen Wunsch habe, geht ein großes, kräftiges Lachen über ihr Gesicht. „Ja, einen Kaffee mit Zucker und Milch, das wäre etwas, so einen wie früher." Ich denke an die Schlaflosigkeit und gehe in die Küche, es ist halb elf, ich mache ihr den Kaffee; einen wie früher.

Nachdem der Kaffee getrunken ist, sagt sie deutlich, mit kräftiger Stimme: „So nun brauche ich nichts mehr, jetzt habe ich alles." Der Ausdruck auf ihrem Greisinnengesicht ist ernst und gesammelt.

Im Nebenzimmer tickt ohne Unterlaß eine Uhr. Die viertel, die halben und die ganzen Stunden werden unerbittlich, die ganze Nacht über, von einer melodiösen Abfolge von Glockenschlägen begleitet.

Zeit vergeht. Lebenszeit, Sterbezeit, Wartezeit, Schmerzenszeit, Gebetszeit?

Jede von uns wird ihre Zeit leben. Ich die meine. Eine Zeit der Hilflosigkeit, des Wartens und Fragens. Auch ich werde beten müssen, um gut durch diese Nacht zu kommen. Ich kann meine Zeit durch Tätigkeiten verkürzen. Ich bin dankbar dafür, meine Gedanken auf zahllosen weißen Papierservietten, die herumliegen, festzuhalten. Ich bin ungewiß in dieser Nacht, aber meine Ungewißheit mag die leichtere sein, die kaum zählt im Vergleich zu der der beiden alten Frauen. Ich werde morgen früh nach Hause fahren, ein heißes Bad nehmen und schlafen.

Die Beiden, werden sie noch einen gemeinsamen Tag haben? Wünschen sie es? Soll ich es wünschen? Was wissen wir voneinander? Wie viel Zeit brauchen sie beide, um voneinander Abschied zu nehmen? Werden sie überhaupt Abschied nehmen können? Ist das nicht zu viel nach einem gemeinsamen Leben von über achtzig Jahren? Was wird für die Ältere bleiben, wenn ihre Schwester gegangen ist.

Fragen, viele Fragen, schmerzhafte Fragen.

Die Ältere, die nun die Jüngere überleben wird, ahnt, daß sie dann nicht mehr alleine in der Wohnung bleiben kann. Welches Vertrauen muß sie haben, um in dieser Situation nicht zu verzweifeln. Ich habe erfahren, daß es niemanden mehr gibt. Keine Kinder, keine Enkel oder Verwandte. Niemand Nahes oder Vertrautes wird mehr da sein. Sie wird Vertrauen haben müssen in die Güte und Fürsorge, in die Verantwortlichkeit fremder Menschen, in die verläßliche Humanität einer Gesellschaft.

Ungeöffnete Briefe, ungelesene Zeitungen liegen herum. Eine kleine, eher ärmliche Zweizimmerwohnung, mit einer einen Kamin imitierenden Gasheizung.

Überall in der Wohnung Zeugnisse der Ängste des Alterns. Unzählige Konservendosen stapeln sich, eine noch größere Menge von Trockennahrungsmitteln wie Suppen, Kartoffelbrei, Milchpulver und Kaffee in allen Schränken und Schubladen. Der Kampf mit der Angst, verhungern zu müssen, wenn niemand mehr kommt? Wie oft werden sie sich diese Fragen vorgelegt haben?

Was wird wenn… Waschmittel in Tuben und Kartons. Das, was von ihnen nicht bedacht und vorgesehen werden konnte, waren die nachlassenden Kräfte beider. Oder ahnten sie es und verbargen voreinander die schlimmsten Befürchtungen? Nun liegt überall Wäsche ungewaschen herum, das Waschbecken ist verstopft.

Hin und wieder höre ich die Stimme der älteren Schwester im Schlafzimmer. Wortfetzen. Wem sagt sie etwas, wer hört ihr zu? Ich gehe selten hinüber, ich habe das Gefühl, die beiden zu stören. Was gibt es zu sagen, was zu tun? Es gilt wach zu bleiben und auszuhalten, damit die beiden dort drüben wenigstens ein Gefühl von Schutz und Hilfe haben.

Zu einem bestimmten Zeitpunkt der Nacht habe ich selber

das Gefühl, daß etwas in mir nicht ausreicht für eine solche Nacht. Ich befrage mich nach meinem eigenen Sein, nach meiner Substanz. Ich denke an die Jünger Christi. Sie schliefen. Heute Nacht wird es mir möglich, auch sie zu verstehen, mich in der gleichen Weise als schwach und mangelhaft zu empfinden. Ein Stück meiner eigenen Wahrheit ist sichtbar geworden. Ich verspreche mir, sie aufrichtig auszuhalten in dieser Nacht. Etwas in mir weigert sich zu lesen, mich innerlich zu entfernen, in eine andere, nicht gegenwärtige Welt zu versetzen.

Ich gehe hinüber. Die Sterbende schläft. Ihr Atem ist sehr kurz geworden. Ihre Schwester wacht und fragt hin und wieder hinüber zu dem anderen Teil des Bettes. Es kommt keine Antwort. Es ist noch nicht einmal zwölf Uhr. Eine lange Nacht, eine Strebenacht. Ich frage die Wachende, ob ihr die Nacht lang würde? „Nein, nein“, sagt sie, „das bin ich gewöhnt, das macht nichts.“

Wie weit ist sie mir voraus in ihrer Geduld, Zufriedenheit und Tapferkeit.

„Komm Sielchen, wir gehen jetzt heim. Ach nein, es ist noch zu früh. Zieh deine Strümpfe an und deine Schuhe, komm wir gehen nach Hause. Mir ist angst und bange, die vielen fremden Leute in deiner Wohnung, komm laß uns gehen, wir haben hier nichts mehr verloren.“

Das ist ein Monolog, den die Ältere zu ihrer Schwester hin, immer wieder wiederholt. „Komm wir gehen, wir bleiben hier nicht.“

So möchte sie wohl den Weg für sich und ihre Schwester durch die Fährnisse einer solchen Nacht finden. Möchte helfen, daß ihre Schwester den Weg finden möge, den Weg nach Hause. Aber noch ist es ihr nicht gegeben zu gehen. Der Morgen graut, die Vögel beginnen vereinzelt zu singen.

Draußen ist Frühling. Als es hell geworden ist, schlafen beide. Ich gehe, ziehe leise die Tür hinter mir zu. Eine überstandene Nacht.

Am Tag wird immer wieder die Diakonieschwester hereinschauen, nach den beiden alten und hilflosen Menschen sehen.

Drei Tage später steige ich wieder die Treppe zu ihrer Wohnung hinauf. Am oberen Ende, vor der Wohnungstür, werde ich empfangen.

Die Pflegeschwester sagt mir, sicher um mich mit dem Wort

„Tod" nicht zu erschrecken, daß der Sarg schon da gewesen sei. Gerade diese Worte verwirren mich, ich verstehe sie im ersten Augenblick gar nicht. In der Wohnung ist alles verändert.

Immer wieder schaue ich suchend in das leere, frisch bezogene und glatt gestrichene Bett, so als könne ich sie doch noch irgendwo unter den fülligen Bettdecken finden.

Nein, Hilde Reinhard ist tot.

Ihre Schwester liegt in einem ebenfalls frisch bezogenen Bett, alleine. Langsam begreife ich. Ja, um fünf Uhr nachmittags ist sie gestorben. Gegen acht war sie schon aus dem Haus! Warum so schnell? Etwas in mir wehrt sich gegen diese Schnelligkeit. Es schmerzt mich, und ich empfinde Trauer darüber, daß ich sie nicht noch einmal sehen konnte. Ihre wirren weißen Haare, das kleine Gesicht, die schmalen, kühlen Hände. Hilde hatte im Bett oft schwarze oder braune Handschuhe getragen des nachts, weil sie oft so kalte Hände gehabt hatte.

Wie leer dieser Raum jetzt ist. Wie leer wird ihn die Schwester empfinden?

Alles ist inzwischen geordnet, gesäubert, tadellos hergerichtet. Eine Frau aus der Nachbarschaftshilfe hat schwer gearbeitet.

Ich trete an das Bett der Älteren. Ruhig und ernst sitzt sie wieder in ihren aufgetürmten Kissen. Sie erzählt ein wenig.

„Wir haben das ganze Leben zusammengelebt. Wir waren nie getrennt." Stolz und strahlend sagt sie: „Wir hatten nie Streit, nein, das kam nie vor. Meine Schwester war sehr gut!"

Sind die Schatten des Lebens nun ganz vergessen worden? Hat die Liebe und der Schmerz sie überdeckt? Ich weiß es nicht und brauche es auch nicht zu wissen.

„Ja, es ist schwer!" Das sind ihre einfachen Worte, mit denen sie ihre Situation umschreibt.

Sie hatten es beide gewußt. Vor ein paar Tagen habe ihre Schwester gesagt: „Ich werde dich jetzt verlassen." Und die Ältere hatte gehofft, vielleicht bis Sonntag noch, das wäre so schön gewesen!

„Aber nun hat sie gehen müssen, so früh! Da habe ich ihren Atem nicht mehr gehört, sie hat sich nicht mehr bewegt." So hatte es die Ältere erlebt.

Frau Reinhard wird morgen in ein Pflegezimmer in der Diakoniestation kommen. Sie kennt es schon von einem früheren Aufenthalt. Ob sie es wirklich wiedererkennen wird, bezweifle ich. Ob sie wirklich weiß, was mit ihr geschehen muß? Sie kann hier in der Wohnung nicht alleine bleiben. Sie liegt fest im Bett und braucht Pflege. Nun wird man ihr nach ihrer Schwester auch noch die gewohnte Umgebung, die Heimat nehmen. Es ist viel, vielleicht zu viel, was sie da auf einmal hergeben muß. Wird sie genügend Sicherheit und Festigkeit in sich tragen, um in diesem Wechsel bei sich bleiben zu können? Oder wird sich ihr Geist noch mehr verwirren, wird sie desorientiert, aus dem letzten Gefüge der irdischen Ordnung gleiten? Ich weiß es nicht. Ich hoffe für sie, daß sie nicht ganz ins Vergessen, ins Namenlose sinkt, ich hoffe, daß ihr ihre Bilder und Erinnerungen, ihre Gefühle und inneren Verbindungen erhalten bleiben.

Ich bleibe noch einmal eine Nacht in der Wohnung bei Frau Reinhard. Eine Nachtwache bei einer Trauernden. Die Glokken der Zimmeruhr werden wieder unerbittlich alle Viertelstunde schlagen.

„Sagen Sie meiner Schwester, daß ich nicht zu ihrer Beerdigung kommen kann, weil ich doch nicht mehr aufstehen kann. Und sagen sie ihr doch auch, daß sie hinterher bitte vorbeikommen möchte, mich besuchen. Im zweiten Stock wohne ich. Da steht Reinhard an der Tür."

Das vertraut sie mir am Morgen an, bevor sie endlich einschlafen kann.

Städtischer Friedhof. An der gepflasterten Auffahrt steht ein Rollstuhl, ich erkenne sie kaum von weitem: Frau Reinhard, die ältere Schwester. Sie ist gekommen, um die Asche ihrer verstorbenen Schwester zu ihrer Ruhestätte zu begleiten. Ich glaube nicht, daß Frau Reinhard mich erkennt, aber auf jeden Fall freut sie sich, daß ich zur Beisetzung gekommen bin. Mit ihrem unvergleichlichen großen Lachen begrüßt sie mich. Es ist so viel geschehen inzwischen im Leben von Frau Reinhard. Sie sieht frischer und verjüngt aus. Sie ist seit vielen Jahren einmal wieder aus ihrem Haus gekommen, und als der junge Zivildienstleistende sie aus ihrer Wohnung trug, hat sie sich gefreut und gelacht. Sie schaut immer wieder den jungen schönen Mann, „ihren Klaus", an, verschämt und strahlend.

Fünf Menschen gehen in einem kleinen stillen Zug zum Grab. Voran der freundliche Beamte mit der Urne zwischen beiden

Händen, dann folgt der Pfarrer mit dem schmalen Textbuch für Beerdigungen. Frau Reinhard, von Klaus im Rollstuhl geschoben, die Diakonieschwester und ich. Es ist ein andächtiger Zug, eine kleine Gemeinde, die sich versammelt hat, um eine für sie fast fremde Frau zu ehren. Natürlich ist sie für Frau Reinhard keine Fremde, aber ob ihr Geist den ganzen Vorgang wirklich noch mit dem Tod ihrer Schwester in Verbindung bringen kann; wir wissen es nicht.

Die Atmosphäre von Nähe bleibt auch beim Verlesen des kurzen Textes über das Leben von Frau Reinhard der jüngeren Schwester, der Lesung der Psalmen und dem gemeinsamen Beten des Vaterunsers erhalten.

Als die Urne mit der Asche von Frau Reinhard versenkt wird, schaut ihre Schwester diesem Vorgang mit wachem Interesse zu, sie beugt sich sogar vor, um in die Tiefe des Loches hinunterzuschauen. Die zwei roten Röschen, die auf ihrem Schoß liegen, bleiben in der runzeligen Greisenhand, bis man ihr bedeutet, daß es doch schön wäre, sie würfe sie hinab zu dem Urnengefäß. Frau Reinhard tut es, etwas staunend, wozu denn das nun sei.

Der Trauerzug setzt sich wieder in Bewegung, langsam drehen sich die Räder des Rollstuhls über das holprige Pflaster. Das Auto, in das Frau Reinhard von „ihrem Klaus" gesetzt wird, hat weiße Bänder an den Türen und der Antenne, und wie sie so davon fährt, winkend und mit strahlendem Gesicht, denke ich plötzlich, daß dieser Wagen wie ein Hochzeitswagen ausschaut, in dem eine alte Frau in ihre Zukunft fährt.

Ein Lächeln, das unerklärbar bleibt

Neben all den schweren, schmerzhaften und auch bedrängenden Erfahrungen, die wir im Umgang mit Sterbenden machen, gibt es auch andere. Es sind Erlebnisse, die uns hin und wieder geschenkt werden, vielleicht gerade in Augenblicken der inneren Not, der Verzweiflung oder auch der Unsicherheit. Zumeist sind es stille, leicht übersehbare Signale, deren äußere Unscheinbarkeit in keinem Verhältnis zu ihrem innern Wert stehen. Es mögen Zeichen einer anderen Welt sein, eines Jenseits, die auf diesen stillen Wegen zu uns kommen.

Da gibt es das Erlebnis, daß plötzlich in der Nacht der Sterbende erwacht und zögernd beginnt zu erzählen, vorsichtig, als habe er Angst, keinen Glauben zu finden: „Wissen Sie, da habe ich eine wunderschöne Wiese gesehen, die war so voll mit Blumen, die leuchteten und hatten Farben, die kann man gar nicht beschreiben, so schön sind die." Und dann erzählt er von Begegnungen und Erlebnissen in einer anderen Welt. Erlebnissen, die so starke und beglückende Gefühle mit sich brachten, daß er sie gar nicht mitteilen kann: „Ich war einfach unbeschreiblich leicht und glücklich." Die Spuren des Erfülltseins sind noch ganz deutlich auf dem Gesicht des Erzählenden zu erkennen.

Manchmal bringen sie Einsichten, ja Weisheiten, die eine andere Qualität haben, eine tiefere Bedeutung in sich tragen, von dorther mit.

Dann wieder gibt es Menschen, die uns plötzlich sagen, wie wunschlos und zufrieden sie jetzt sind, und das sagen sie, während ihr Körper Schmerzen hat oder sie nicht mehr essen und trinken können. Eine Sterbende sagte einmal kurz vor ihrem Abschied: „Ach, ich habe mir mein Leben lang Sorgen gemacht, immer hatte ich Sorgen, um dies und das ... Und wissen Sie, ich weiß nun, daß das ganz unnötig ist, wir brauchen uns gar keine Sorgen zu machen, es ist alles gut, wie es ist."

Bei manchen sterbenden Menschen ist diese stille Zufriedenheit und ein Gelassensein schon lange vorher zu spüren. Sie sind bereit zu sterben – sich dem Geheimnis des Todes zu überlassen. Sie erleben den Tod als eine Vollendung ihres Lebens hier auf der Erde, manchmal sogar als Höhepunkt ihres Lebens.

Bei anderen tritt diese Wandlung erst in den letzten Augenblicken, ganz kurz vor dem Verlassen des Körpers ein. Eine Wandlung, die wir nicht erklären oder verstehen können, sondern nur erahnen und auf dem Gesicht des Verstorbenen wahrnehmen können. Eine Wandlung, eine Öffnung, die den Betroffenen über alle Ängste und Verzweiflungen, die bis zu diesem Zeitpunkt bestanden, hinaushebt. Da hatte gerade noch jemand schwere Kämpfe zu durchstehen, das Loslassen wurde so unsagbar schwer, und nun liegt ein zufriedenes, ja glückliches Lächeln auf dem Gesicht.

Manchmal ist es schon mit dem Eintritt des Todes zu sehen, oft ist es ein Ausdruck des Staunens oder auch des intensiven inneren Schauens oder des Strahlens. Dann wieder kann es der Ausdruck großen inneren Friedens sein, oder es breitet sich dieser Ausdruck von Gelöstheit und Zufriedenheit erst nachträglich, nach einigen Tagen, über die Züge der Toten.

Dieser Ausdruck auf den Gesichtern von Verstorbenen ist vielleicht das letzte und tiefste Geheimnis, dem wir im Umgang mit Sterben und Tod begegnen. Können wir uns hierfür öffnen, so werden wir tief berührt. Es ist, als ob uns etwas von der Ewigkeit her anrührt. Wir werden angerührt von einer Schönheit, die nicht mehr nur aus dem eigenen kleinen Dasein kommt, sondern die auf etwas „Größeres" an dem wir teilhaben, hinweist. Wir sehen dann den anderen in seiner Würde, so wie er gemeint ist.

Unabhängig von dem Weg des Sterbens können wir für wenige Momente vielleicht die Vollkommenheit und die größere Ordnung des Geschehens erahnen. Wir erfahren, daß das, was wir für den Tod halten, nur den Körper betrifft.

Sie sieht so friedlich und schön aus

Die Begleitung einer Sterbenden über sechs Monate: ein Weg, den wir gemeinsam gehen, ein Weg für jede von uns beiden, auch ganz für sich allein. Frau Arlett ist eine Frau von einundsechzig Jahren, an Knochenkrebs erkrankt, die nach einer Brustoperation wegen eines Tumors und einer chemotherapeutischen Behandlung weitere medizinische Maßnahmen ablehnte. Mein erster Besuch findet im Herbst statt. Frau Arlett empfängt mich in ihrer schönen, mit vielen Büchern eingerichteten Wohnung. Sie ist promovierte Germanistin und war bis zur vorzeitigen Pensionierung als Lektorin tätig.

Bei dieser ersten Begegnung schildert sie sehr sachlich, beinahe kühl den Verlauf ihrer Krankheit, ihre Einstellung dazu und ihre jetzige Situation. Frau Arlett lebt nach der Ehescheidung allein. Ein Bruder und eine Schwester sind ihre einzigen Angehörigen. Zwei Frauen im Haus stehen ihr nahe. Sie läßt keinen Zweifel aufkommen, daß sie sehr gut allein mit ihrer Situation fertig werde und sich die notwendigen äußeren Hilfen schaffen könne.

Im stillen frage ich mich, welche Aufgaben dann auf mich zukommen mögen. In den folgenden Wochen verlaufen meine regelmäßig mit ihr vereinbarten Besuche nach einem bestimmten Ritual: Wenn ich komme, ist der Teetisch gedeckt, der Tee dampft auf dem Stövchen, frisch gebackener Kuchen und Schlagsahne stehen bereit. Sobald wir uns an den Tisch gesetzt haben, kommt mühelos ein Gespräch in Gang, in dem mir Frau Arlett ihre Lebensgeschichte, ihre Einstellungen, Weltanschauung und Lebenserinnerungen erzählt.

Nach einiger Zeit bin ich unsicher, ob ihr das genügt, und ich wage mich mit meiner Unsicherheit heraus. Ist es nicht erforderlich, kleine Besorgungen, Hilfeleistungen bei der Bewältigung des Alltags zu leisten? Aber Frau Arlett zerstreut alle meine Bedenken. Nein, gerade das Gespräch sei für sie so wertvoll – aussprechen zu dürfen, daß es auf das Ende zugehe, ohne von mir beschwichtigenden Trost oder Abwehr des Einverstandenseins mit dem Sterben zu erfahren – dies mache diese Stunde zu einer Kostbarkeit für sie.

Mir fällt auf, wie Frau Arlett sich jedesmal „schön macht" für unsere gemeinsame Stunde. Inzwischen sind ihre Haare als zarte Locken nachgewachsen – anfangs hatte sie mich mit einer Perücke empfangen, die sie nun fortläßt. Sie schminkt sich die Lippen, trägt Schmuck und farbige Seidentücher und freut sich, wenn ich mich ebenfalls hübsch kleide.

Immer herzlicher und freudiger empfängt sie mich in der folgenden Zeit, und obwohl die Krankheit sichtbar fortschreitet – Frau Arlett hat sehr abgenommen und leidet unter starken Schmerzen – werden unsere Gespräche zu einem intensiven Austausch von Gedanken, Einstellungen und Lebenserfahrungen, der für mich ein großer Gewinn ist. Wir haben begonnen, Bücher auszutauschen und zu besprechen.

Alles was in der folgenden Zeit geschieht, gewinnt die Bedeutung eines „letzten Males". Der kleine Rundgang ums Haus, bei dem wir Äpfel und Walnüsse aus dem Gras aufheben, die gelbe Blätterpracht der Birke vor dem Fenster, die Herbststimmung über den abgeernteten Feldern, der Novembernebel, Weihnachten – dies alles löst Abschiedsgefühle aus, die mich gelegentlich beklommen machen, wenn ich sie so real von ihr ausgesprochen höre.

Frau Arlett muß sich den behandelnden Ärzten gegenüber fast kämpferisch behaupten, um weitere medizinische Behandlungen abzuwehren. Trotz starker Schmerzen lehnt sie eine Schmerzbehandlung mit Morphin ab, weil sie nicht glauben will, dadurch keine Beeinträchtigung ihres klaren Denkens zu erfahren. Da sie sich viele Jahre mit Meditations- und Yogaübungen beschäftigt hat, erfährt sie auf diesem Wege Erleichterung und Entlastung.

Am Montag nach dem zweiten Advent ist Frau Arlett ganz besonders erregt und freudig, obwohl es ihr sichtlich sehr schlecht geht. Sie erzählt mir, wie sie sich ihre Beerdigung vorstellt. Dafür hat sie einen Abschiedstext geschrieben, der von einem Freund vorgelesen werden soll. Wir hören noch gemeinsam das „Miserere" aus einer Messe, diese Musik hat sie sich als Beerdigungsmusik ausgesucht.

Frau Arlett erzählt mir nun, daß sie ihren Todestag, – den 8. März – geträumt habe und nun darauf hinlebe.

Am nächsten Tag kommt sie wegen großer Schwäche ins Krankenhaus, die Lunge ist voller Wasser, gegen die Schmerzen bekommt sie Cortison, und zusätzlich hat sie eine starke Bronchitis.

Nach anderthalb Wochen besteht sie darauf, nach Hause entlassen zu werden. Ihre Kräfte reichen jedoch nicht mehr zu längerem Aufstehen. Die Nachbarinnen und eine Nachbarschaftshelferin sind ihr im Haushalt und beim Kochen behilflich, meistens kann sie nur noch Zwieback und Tee oder Suppe zu sich nehmen.

Mit großem Nachdruck besteht sie auf unseren Gesprächsstunden. Der Tee, wie auch die Wärmflasche wird nun von mir bereitet, und ich verrichte kleinere Hilfeleistungen, aber meine eigentliche Begleitung besteht weiterhin in der Form des Gesprächs – von nun an am Bett, aber mit unverminderter Intensität.

Meine Gefühle zu ihr sind abwechselnd die einer Schwester, einer Freundin als auch einer Tochter. Einmal umarmt und küßt mich Frau Arlett herzlich – „solange wir uns noch drükken können" – sagt sie, und mir schießen die Tränen in die Augen.

Dann wieder verspricht sie, mir aus „der geistigen Welt" Signale zu senden; wenn es möglich sei.

Ein andermal fragt sie: „Ob es wohl klappt mit dem 8. März?"

Die Einsicht in ihre angstfreie Haltung dem Tod gegenüber konfrontiert mich stark mit meiner eigenen inneren Haltung. Wie würde es mir an ihrer Stelle ergehen?

Mitte Januar muß sie dann wieder ins Krankenhaus, in der Nacht hatte sie akute Erstickungsanfälle bekommen. Als ich sie im Krankenhaus besuche, liegt sie unter einer Sauerstoffmaske. Sie ist abweisend und gibt zu erkennen, daß sie allein sein will. Mir wird schmerzlich bewußt, daß wir nie geklärt haben, ob sie von mir begleitet sein möchte, auch in ganz schwerer Zeit, wenn wir nicht mehr sprechen können. Hilft es ihr, wenn ich mich still zu ihr setze?

Zwei Tage später freut sie sich wieder über meinen Besuch. Die mitgebrachte Rose und einige meiner liebsten Bücher lasse ich nach zehnminütigem Aufenthalt auf ihrem Nachttisch, gehe – und fühle mich sehr hilflos.

Nach einer Lungenpunktion bessert sich ihr Befinden wieder soweit, daß sie Luft bekommt und sprechen kann.

Ihre disziplinierte, Anteilnahme verweigernde Art wird ihr auf der Station als Arroganz ausgelegt. Auch ihre Geschwister sind ratlos, wie sie mit ihr umgehen sollen. Meine Aufgabe in dieser Zeit liegt vor allem im Vermitteln und Verstehbar machen.

Ende Februar besteht Frau Arlett, gegen den Einspruch der Ärzte und ihrer Verwandten, und auch ich rate ihr davon ab, auf einer erneuten Entlassung nach Hause. Sie ist sehr geschwächt und hat starke Schmerzen. Als ich sie besuche, meint sie, sie hoffe, zu Hause sterben zu können, nun könne es nicht mehr lange gehen.

Schon nach einer Woche muß sie jedoch mit akuter Atemnot wieder ins Krankenhaus – es beginnt ein qualvoller Prozeß.

Am schwersten fällt es Frau Arlett, sich in die Abhängigkeit anderer zu begeben, das eigene Leben nicht selbst bestimmen zu können. Das macht sie unleidlich und zornig.

Nach einer erneuten Lungenpunktion läßt sie sich vom behandelnden Arzt zur Schmerzlinderung mit Morphin bewegen. Frau Arlett gibt mir einige Anweisungen für Besorgungen in ihrer Wohnung, letzte Dinge sind noch zu regeln, Schmuck an die beiden Nachbarsfrauen zu schenken, geliebte Blumenstökke zu verteilen.

Weil das Sprechen in der Krankenhausatmosphäre nicht so sehr gut möglich ist, schreibe ich ihr einen Abschiedsbrief, den ich ihr zusammen mit einer Rose am nächsten Tag bringe.

Wir verabschieden uns liebevoll. Als ich am 6. März abends zu ihr komme, sehe ich, daß Frau Arlett nun endgültig im Sterben liegt. Ihr Körper ringt mit den letzten Kräften des Lebens. Ich stehe für eine Weile neben ihr und konzentriere meine Gedanken und Empfindungen ganz auf diesen besonderen Abschiedsmoment und verlasse sie dann in dem Wissen, daß sie in dieser Nacht von ihrer Schwester begleitet sein wird.

Am 7. März um drei Uhr nachts, erhalte ich aus dem Krankenhaus von ihrer Schwester die Nachricht, daß sie eben verstorben sei. Mit einer Kerze fahre ich ins Krankenhaus. Wir nehmen bis zum frühen Morgen, teils schweigend, teils Texte lesend, Abschied.

Sie sieht so friedlich und schön aus, trägt das selbstgenähte Yogahemd, das sie als Sterbekleid wünschte, auf der Brust liegt die Rose, die ich gestern, als sie noch lebte, mitgebracht hatte.

Mich erfüllt in diesem Moment und auch am Tag danach nur ein Gedanke: Geschafft! Du hast es geschafft! Wie froh bin ich mit Dir!

Abschiedsbrief an Frau Arlett

Liebe Frau Arlett!

Seit September gehen wir einen gemeinsamen Weg, der, wie ich glaube, uns beiden ungewöhnliche Erfahrungen ermöglicht.

Ganz von der Peripherie kommend, dringt unsere Begegnung zuweilen bis in den innersten Kern vor, vermittelt in ihrer Offenheit Nähe und Vertrauen, zeigt aber gerade deshalb auch einen hohen Grad gegenseitiger Verletzlichkeit in Augenblicken, wo Fremdheit und Distanz wahrnehmbar wird. Ich denke, das kann nicht anders sein, kennen wir uns doch nicht in den „gewöhnlichen Lebensumständen".

Unser Band besteht vor allem in gegenseitiger Sympathie und dem Versuch, einen schwierigen Weg miteinander zu gehen.

Ich möchte Ihnen heute von Herzen Dank sagen für Ihre Bereitschaft, mich teilnehmen zu lassen an ihrer Erfahrung und inneren Haltung, die aus dem vergangenen Prozeß des Annehmens entstanden sind und die so viel eigene Anstrengung und Arbeit voraussetzt.

Es fiel mir oft nicht leicht, Ihre „Ergebenheit", dieses „Jasagen" zum Sterben anzunehmen, obgleich ich es verstandesmäßig bejahe.

Dieses Abschiednehmen von allem, dieses Wissen um Endlichkeit, die vielen „letzten Male" weckten in mir oft Traurigkeit, die im Zusammensein immer wieder verschwand, um den Blick nach vorne freizugeben.

Ich selbst konnte Ihnen nur mein Zuhören, meine innere Bereitschaft und Anteilnahme schenken, wenn Sie Erinnerungen belebten oder Rückblicke auf Lebensabschnitte hielten.

In Bezug auf das Fortschreiten der Krankheit konnten wir beide uns nur zusammen herantasten an Bevorstehendes oder Entscheidungen abwägen für diese oder jene notwendige Maßnahme.

Wenn ich einen Wunsch äußern darf für kommende Stunden des Miteinandergehens, dann ist es der, daß Sie vollkommen vertrauen möchten auf meinen guten Willen, Ihnen liebevolle Nähe in dem Maß zu geben, wie sie von Ihnen gewünscht wird und zu vertrauen, daß ich spüren werde, wo sie nicht gebraucht wird. Ich bitte Sie, mir meine Fehler nicht zu verübeln, sondern als Unerfahrenheit zu werten.

Ich habe Sie sehr ins Herz geschlossen! *Ihre …*

Aufgebahrt

Mit leichtem Druck öffnet sich die schmale weiße Tür. Leise, behutsam lasse ich die Tür zugleiten zum Rahmen, schließe sie nicht ganz, lasse einen spaltbreit offen, so als wolle ich dem Bewußtsein dafür, daß es außerhalb dieses Raumes noch eine Welt gibt, Einlaß geben.

Durch ein kleines Fenster oben in der Wand fällt ein Strahl, eine handbreit Licht der Wintersonne in den Raum, fällt auf das Gesicht einer Toten. Ich habe sie im Leben nicht gekannt und schaue sie nun in ihrem Todsein. Wie, als könnten sie nicht anders, legen sich meine Hände zusammen, drücken aus, daß sie in Ehrfurcht sich zurücknehmen, daß sie nicht greifen und berühren werden, was ihnen nicht zusteht. Still wollen sie sein, die Hände, und auch die Augen gleiten nur behutsam über das Bild, das vor ihnen liegt.

Die Sprache war schon, bevor ich die Tür geöffnet hatte, verstummt, hatte sich in eine sanfte Lautlosigkeit zurückgezogen. Da lag sie: Ruth. Eine Frau, die ich aus einigen wenigen Erzählungen kannte. Die rechteckige Öffnung des Sarges, das weiße steife Tuch, das so gar kein Gewicht zu haben scheint, bedeckt die Glieder. Nicht mehr ganz wirklich gemeint, schützt sie wohl nur die Augen des Betrachters, schützt die Wahrnehmung vor der Wirklichkeit des Verfalls.

Ein schöner üppiger Nelkenstrauß liegt auf dem Tuch, drückt es etwas herab auf den Körper. Wann wird Ruth zum letzten Mal einen so prachtvollen Strauß bekommen haben? Das Wenige, das ich von ihrem Leben weiß, spricht eher von einem kargen, herben Leben. Viele Härten wurden durchgetragen, viel Mangel, besonders Mangel an Zuneigung, Wärme, Zärtlichkeit und Liebe.

Und auch die letzten Wochen waren gefüllt von Ängsten, Sorgen, Nöten, Qualen der Einsamkeit, dem Unvermögen, der unauslotbaren Angst vor dem Kommenden. Nun liegt sie da; nun ist es vollbracht. Ihre schönen schmalen Hände liegen übereinandergelegt auf der glänzenden Decke. Sie werden nicht mehr suchen, greifen, werden bei einer Zärtlichkeit sich nicht mehr furchtsam, scheu zurückziehen wollen, werden nicht mehr winken. Ehrfurchtsvoll betrachte ich ihr Gesicht, das Lächeln im Abschied des Todes, das wir auf so vielen Gesichtern von Verstorbenen sehen.

Ein Lächeln, das unerklärbar bleibt.

Jeder von diesen Toten trägt sein eigenes, und doch wieder haben alle diese Lächeln etwas Gemeinsames; und gerade das Gemeinsame ist es, das wir kaum mehr benennen können, da es nicht mehr aus dieser Welt kommt.

Der klare Schnitt der Nase, die glatte, hoch gewölbte, faltenlose Stirn. Etwas Edles, Würdevolles geht aus von dieser Klarheit. Die Augen liegen tief und auch sie haben so einen heiteren Schein um sich, als hätten sie gerade noch versöhnlich gezwinkert, um sich dann zu schließen.

So liegt sie da. Ruth. Ein schönes, würdiges Bild eines Menschen. Glanz und Hoheit gehen von ihr aus. Alles Kleinliche und Verquälte hat sich gelöst und abgehoben. Zurück bleibt die Essenz eines Lebens; eines gelebten Lebens, das in sich seinen Sinn, seine Würde und Erfüllung fand.

Etwas liegt über diesem Antlitz, das mehr ist, als es diese Welt hier alleine zu geben vermag:

… „von der Seligkeit der Nacht, die hell sein wird wie der Tag, in dem sich das Himmliche mit dem Irdischen, das Göttliche mit dem Menschlichen verbindet." (Aus dem Exultet der Osternacht)

Ein letztes Mal

Du bist für zwei Tage beruflich unterwegs. Nach dem ersten Arbeitstag gehst du zum Bahnhofskiosk und willst dir eine Tageszeitung kaufen. Plötzlich sinkst du zu Boden und bist bewußtlos. Du wirst ins Spital gebracht, wo man erstaunlich schnell herausfindet, daß du eine Gehirnblutung hattest. Du liegst auf der Intensivstation, wirst künstlich beatmet – aber die Blutung ist sehr groß gewesen, so daß du kaum eine Chance hast zu überleben. Du zeigst auch keinerlei Reflexe mehr. Als ich endlich, nach einer langen Fahrt auf der Intensivstation klingele, fragen mich die Schwestern, ob ich zuerst mit dem Arzt sprechen möchte. Aber ich will zuerst zu dir, dich sehen, dich spüren...

Du liegst in dem großen, kalten Krankenhausbett – viele Apparate sind um dich herum. Hilflos und zart wirkt daneben dein Körper. Der Schlauch vom Beatmungsgerät verändert dein Gesicht.

Das ist mein erster Blick, und in mir schreit es: „Nein, das kann, das darf doch nicht wahr sein. – Wie grausam ist doch das Leben und der Tod."

Nach einiger Zeit werde ich ruhiger und nehme *dich* wahr, nicht nur die Apparate und die Klinikathmosphäre. Still liegst du da – deine Augen sind geschlossen. Dein Körper ganz entspannt. Ich streichle deine Arme, spüre und rieche deine Haut, die noch so ganz nach dir riecht. Frieden geht trotz allem von dir aus. Einerseits scheinst du ganz nah – und andererseits schon weit weg, beinahe in einer anderen Welt.

Unser Wunsch, daß du vom Beatmungsgerät weggenommen wirst, wird respektiert. Als der Atmungsschlauch aus Deinem Mund entfernt ist, entspannt sich dein Gesicht. Etwas löst sich. Du beginnst von alleine zu atmen, ganz ruhig und gleichmässig, du der du immer um die Kraft und das Geheimnis des Atems wußtest. Es ist noch nicht deine Zeit.

Für Momente steigt Hoffnung in mir auf: Könnte nicht ein Wunder geschehen? Aber nach einer Weile erlischt die Hoffnung, und ich wünsche dir, daß dein Weg nicht zu lange sein wird. Die Ärzte sagen, es kann noch Tage dauern, aber auch nur noch Minuten.

Die nächsten Tage

Dein Bruder hat Kerzen und Blumen mitgebracht: Licht in dieser Zeit.

Wir sind dankbar, daß hinter den Vorhängen, die dich von den beiden anderen Kranken abtrennen, eine ganz dir eigene

Ruhe entstehen kann. Frieden, ganz tiefer Frieden geht von Dir aus.

Ich darf bei dir bleiben, auch nachts. Ich lege meinen Kopf neben den deinen und tauche in tiefen Schlaf ein, lasse mich vom Schlaf umarmen, wie du immer sagtest. Noch darf ich deine Nähe und Wärme spüren. Du liegst friedlich da, beinahe mit einem Lächeln auf dem Gesicht, weit weg, schon in deiner Heimat.

Manchmal spreche ich zu dir, danke dir für unsere gemeinsame Zeit, für deine Liebe und versuche, dich gehen zu lassen. Ich sage, daß wenn du jetzt gehst, ich dich mit Liebe begleite.

Die viereinhalb Tage werden zeitlos. Zeit, die wie Ewigkeit ist, enthoben in eine andere Wirklichkeit. Liebe, die nichts mehr für sich will, entsteht in mir – verbindet uns. Die Ruhe, die Stille, die du ausstrahlst, trägt mich.

Dasein – ohne zu warten auf den Moment deines körperlichen Sterbens, dich und uns nicht drängen. Am zweiten Tag kann ich es loslassen, im Moment deines Übergangs dabei sein zu wollen. Du wirst deinen Weg gehen und es ist „dein" Moment. So wie es geschehen wird, wird es richtig sein.

Sonntag Abend
Nach einem Telefongespräch kehre ich wieder zu dir zurück. Deine Hände sind trotz des Fiebers kalt. Ich spüre: Jetzt wirst du gehen. Und ganz friedlich löst du dich vom Körper, hin zum Licht. Ohne Kampf hast du dich in SEINE Hand begeben – bist SEINEM Willen gefolgt.

Wir sitzen mit Kerzen in der Stille. Licht, Frieden und tiefe Ehrfurcht vor dem Geschehen deines Gehens ist in mir.

Noch ein letztes Mal darf ich deinen Körper waschen. Es ist für mich kaum faßbar, daß dieser unbeschadete und kraftvoll erscheinende Körper kein Leben mehr in sich trägt. Es ist gut, daß ich diese Momente allein mit dir sein darf. Ich nehme schmerzlich Abschied von deinem Körper, der mir so nah und vertraut ist und über den ich dich erleben durfte.

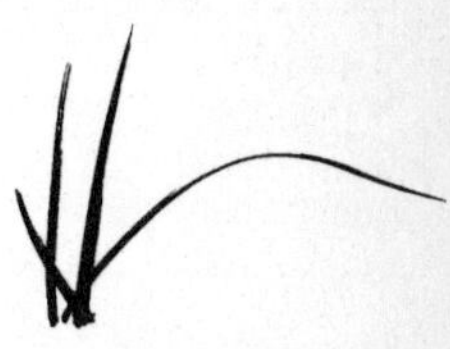

Gedanken zur Begleitung

In den folgendenden Hinweisen möchte ich verschiedene Schwerpunkte einer Begleitung noch einmal kurz zusammenfassen.

Sicherlich wünschen Sie sich von diesem Kapitel Antworten und konkrete Hinweise für die Begleitung sterbender Menschen.

Aber wahrscheinlich haben Sie andererseits auch erfahren, daß es gerade bei der Begleitung Sterbender *nicht* darum geht, Antworten zu haben, genaue Vorstellungen vom eigenen Verhalten und dem Verhalten des Menschen, den wir begleiten, daß uns gerade hier vorgefaßte Meinungen und Ratschläge wenig helfen.

Und doch sehnen wir uns manchmal nach klaren Antworten, besonders dann, wenn wir unsicher sind, wenn uns Zweifel und Fragen belasten.

Auch ich kenne immer wieder diese Unsicherheiten, immer wieder erfahre ich sie. Manchmal belasten sie mich, aber auf der anderen Seite erkenne ich auch, daß sie mir helfen, sensibler, offener, wacher hinzuhören auf die Probleme, Wünsche und Hoffnungen des anderen.

Ich begegne dem anderen dann eben nicht mit feststehenden Antworten und Konzepten, sondern mit der Frage: Wie geht es dieser Person? Welche Gedanken und Gefühle beschäftigen sie? Was könnte ihr helfen? In welcher seelischen Welt lebt sie?

Auf Fragen einlassen

Wir können dem sterbenden Menschen nur dann unser Herz für *seine* Fragen, Sorgen und Ängste öffnen, wenn wir uns selber mit unserer eigenen Endlichkeit, mit unserem eigenen Tod auseinandersetzen. Denn als begleitende Person werden wir ja auch immer wieder mit unserer eigenen Vergänglichkeit, unserer eigenen Hilflosigkeit und Bedürftigkeit konfrontiert. Wir spüren sehr deutlich, daß auch auf uns Zeiten des Leidens und der Schmerzen kommen können.

Und wir erfahren, daß all unser angelesenes Wissen über dieses Thema uns wenig helfen kann, wenn wir zum Beispiel in unserer eigenen Angst gefangen sind. Aus unserer Hilflosigkeit und Ohnmacht vermeiden wir dann vielleicht das Gespräch mit dem Betroffenen, weichen aus oder flüchten in äußere Aktivitäten, versuchen möglichst wenig mit dem Erkrankten, mit seinem Sterben zu tun zu haben, können nicht auf ihn eingehen.

Von daher ist es grundlegend wichtig, daß wir uns zunächst mit unserem eigenen möglichen Sterben auseinandersetzen, uns also auf folgende Fragen einlassen:

- Wie würde es mir gehen, wenn *ich* eine lebensbedrohliche Erkrankung hätte?
- Wie wäre es, wenn *ich* stark pflegebedürftig, vielleicht im Rollstuhl oder bettlägrig dem nahenden Tod entgegengehen würde?
- Wäre *ich* bereit zu gehen, jetzt zu sterben?
- Mit wem hätte ich noch etwas zu klären, bei wem vielleicht das Bedürfnis, eine Verletzung, eine Enttäuschung oder auch meinen Dank auszudrücken?
- Habe ich meine Liebe, meine Zuneigung genügend gezeigt?
- Wie wäre es für mich, Abschied zu nehmen vom Leben, von der Natur, von den geliebten Menschen?

Wenn wir uns auf diese Fragen einlassen, tauchen vielleicht nicht gekannte Gefühle der Angst, der Wut oder der Trauer auf. Wichtig ist es, daß wir diese Gefühle und Gedanken zulassen, unsere wirklichen Empfindungen wahrnehmen und Wege suchen, sie im Gespräch mit anderen auszusprechen. Denn gerade durch das Aussprechen dieser Gefühle, dieser vielleicht schwierig zu äußerenden Gedanken, können wir erfahren, daß wir nicht alleine sind mit ihnen, und unsere Abwehr und Angst kann sich verändern und wandeln.

Selbstauseinandersetzung mit dem eigenen Sterben und Tod heißt nicht, daß wir ein abgeklärtes Verhältnis zum Tod haben oder ganz angstfrei geworden sind. Aber wichtig ist es, in dieser Auseinandersetzung ein Stück weit den eigenen Lebens- und Sterbeängsten zu begegnen und sie zu kennen, so daß sie nicht die Begegnung mit dem sterbenden Menschen behindern. Manchmal können wir vielleicht eigene traumatische Erlebnisse und Erinnerungen mit Verstorbenen aufarbeiten. Wir lernen, uns mit der Endlichkeit unseres „Hierseins" vertrauter zu machen und es anzunehmen.

Diese Auseinandersetzung ist ein Prozeß, und wir stehen immer wieder an unterschiedlichen Orten, haben zu unterschiedlichen Zeiten ganz unterschiedliche Antworten und Haltungen zu unserem eigenen möglichen Sterben. Manchmal hängen wir sehr am Leben, möchten unbedingt noch dieses oder jenes verwirklichen, Erfahrungen machen, ungelebte Seiten von uns leben – manchmal ist es ganz anders, da erscheint uns die Möglichkeit unseres Sterbens annehmbarer.

Wenn wir den langen, manchmal sehr qualvollen Prozeß, das Siechtum des Körpers, seinen Verfall bei Patienten sehen, miterleben, erfahren wir, wie schwer doch der Weg des Sterbens sein kann.

Dann wiederum, wenn in unserem eigenen Leben die Belastungen zu schwer und mühsam scheinen, beneiden wir vielleicht sogar den anderen, der sich nun aus diesen Problemen des Lebens löst.

Lassen wir uns mit unserer ganzen Person auf die Auseinandersetzung mit dem Sterben ein, so zeigt sie uns deutlich, wo wir selber im Augenblick im Leben stehen, stellt auch unser eigenes Verhalten und Sein in Frage, z.B. wie wir unsere Zeit verbringen … ob wir unser Leben so leben, daß wir bereit wären zu sterben oder vieles versäumt hätten …

In der Begegnung mit dem sterbenden Menschen stoßen wir in uns auch auf die Fragen, welchen Sinn wir in unserem Leben sehen, welchen Sinn wir im Leben überhaupt sehen und auch welche Gedanken und Vorstellungen, Wünsche und Hoffnungen wir mit dem Tod und dem Sein danach verbinden. Manchmal geraten Vorstellungen, die wir einmal von anderen übernommen haben, ins Wanken, wir spüren, daß sie uns nicht tragen, daß sie noch nicht wirklich unser eigenes Fundament sind.

All diese Fragen, die uns tief bewegen, kann die Begleitung Sterbender manchmal schwer und belastend machen, weil unsere Vorstellungen und wir selbst, unsere Art zu leben in Frage gestellt werden.

Es gibt dann Zeiten, in denen uns das zu viel erscheint, zu belastend, da möchten wir am liebsten davonlaufen.

Aber gerade diese Auseinandersetzung mit dem eigenen Tod kann auch eine Chance sein, – uns jetzt, solange wir noch gesund sind, noch Lebenszeit haben, das für uns als richtig erkannte ins Leben hinein umzusetzen und zu verwirklichen. Sie kann uns helfen, bei der Arbeit nicht auszubrennen, denn wir erkennen dann eher, was wir durch die Begegnung mit dem sterbenden Menschen lernen, was wir geschenkt bekommen, wie der Sterbende uns hilft, daß also nicht nur wir die „Helfenden" oder „Gebenden" sind, sondern daß das Geben und Nehmen ein fließender Prozeß sein kann.

Diese Bereitschaft, sich auch als Begleiter von dem Sterbenden ansprechen zu lassen, sich auch mit der eigenen Endlichkeit auseinanderzusetzen, ist die Grundlage für die Begleitung. Auf diesem Boden kann ich Anregungen und Hilfen aufnehmen und verwirklichen, denn dann bin ich selber nicht mehr Gefangener meiner Ängste und Unsicherheiten.

Die Situation des Erkrankten

Ich möchte zunächst kurz zusammenfassend das Wesentliche der Situation des Erkrankten schildern. Schwerkranke und sterbende Menschen fühlen sich oft mit und nach der Diagnose allein gelassen. Häufig ziehen sich Freunde oder auch Angehörige aus Unsicherheit zurück, vermeiden das Gespräch über die Bedrohlichkeit und Endgültigkeit der Erkrankung. Und auch der Betroffene zieht sich oft zurück, hat das Gefühl, eine Last zu sein, nicht mehr verstanden zu werden. Er hat häufig das Gefühl, in einer ganz anderen Welt zu leben.

Wenn sich die Partner oder Angehörigen im Krankenhaus begegnen, sind sie oftmals noch mehr verunsichert, da sie beide aus ihrem gewohnten Umfeld herausgerissen sind und sich in diesem unpersönlichen Rahmen des Krankenhauses begegnen. Beide müssen sich der Routine der medizinischen Versorgung, den festgesetzten Zeiteinteilungen anpassen und können nicht mehr ihren eigentlichen Bedürfnissen folgen. Sie fühlen sich oftmals schon vom äußeren Rahmen her entwurzelt und gehemmt.

Befindet sich der Erkrankte schon länger im Krankenhaus, hat er auch oft das Gefühl, daß er nun hier seine Kontakte hat und der Partner aus einer Welt zu ihm kommt, die ihm inzwischen schon fast fremd geworden ist.

Er ist häufig stark mit seinen eigenen Gedanken und Gefühlen beschäftigt und fühlt sich ihnen manchmal hilflos ausgeliefert. Er schwankt zwischen Auflehnung, nicht Wahrhaben wollen und Kämpfen einerseits, und dann, oft kurze Zeit darauf, Einwilligung und dem Wunsch, sterben zu wollen.

Manche blicken auf ihr Leben zurück, versuchen gleichsam „Bilanz" zu ziehen. Manchmal belasten sie dabei Schuldgefühle sich selbst oder anderen gegenüber, und in ihnen ist der Wunsch, dem anderen zu verzeihen, sich auszusöhnen oder auch anderen Menschen zu danken. Manchmal hadern sie mit ihrem Leben und Schicksal, sie fragen sich, warum sie so wenig gewagt haben, sich selbst zu leben, warum sie so fremdbestimmt gelebt haben, so wenig Erfüllung und Glück für sich selbst verwirklicht haben. Bei einigen tauchen nie gelebte Lebensträume wieder auf...

Sorgende Gedanken gelten den Angehörigen und nahe stehenden Freunden. Es schmerzt den sterbenden Menschen, die vertrauten und nahen Menschen zurückzulassen und zu spüren, wieviel Trauer sie durch ihr Weggehen auslösen. Besonders schwer erleben sie es, wenn sie selber nicht losgelassen werden, wenn die Angehörigen sie unbedingt bei sich halten wollen und klammern.

Die zunehmende Hinfälligkeit konfrontiert den sterbenden Menschen mit seiner Hilflosigkeit, mit seiner Abhängigkeit von der Hilfe anderer, mit der Notwendigkeit, so viel Hilfe annehmen zu müssen, ohne etwas zurückgeben zu können. All dies erschüttert bei Vielen das Selbstwertgefühl. Sie fühlen sich nutzlos und als Belastung.

Es ist oftmals das schwierigste und schmerzlichste Lernen:

so viel Hilfe annehmen zu müssen, selber nicht mehr der Machende und Handelnde sein zu können.

Die schwere Erkrankung und der mögliche Tod konfrontiert den erkrankten Menschen sehr häufig mit der Sinnfrage, mit Fragen seines Glaubens, mit Zweifeln und Fragen, wie

- Warum geschieht mir das?
- Wie kann Gott das zulassen?
- Was geschieht mit mir nach dem Tod, wie wird es dann wirklich sein?
- Andere Menschen haben weniger Angst vor dem „Danach". Sie belastet vielmehr die Ungewißheit, was noch alles auf sie zukommen wird.

Wie können wir den anderen nun in dieser Zeit begleiten, stützen und eine mögliche Hilfe sein?
Was ist für ihn hilfreich?
Für ihn ist es hilfreich,

- wenn wir ihn in seinen Sorgen und Ängsten *versuchen zu verstehen*;
- wenn wir ihn *annehmen*, so wie er ist und ihn so *achten*;
- wenn wir ihm gegenüber *aufrichtig und echt* sind.

Den anderen zu verstehen suchen

Jeder von uns lebt in seiner eigenen Wirklichkeit mit persönlichen Empfindungen, Stimmungen, und jeder von uns nimmt Ereignisse in unterschiedlicher Bedeutung wahr. So reagieren z.B. zwei Menschen auf ein und dieselbe Krankheit sehr unterschiedlich. Der eine ruhig und gelassen, der andere mit Angst, Trauer, Verzweiflung, und der dritte mit Wut und Aggression.

Es ist wichtig, daß wir wirklich hinhören, wie jeder einzelne mit seinem Schicksal umgeht, welche Fragen und Gedanken ihn beschäftigen, wie es ihm geht, und ihm das Verstandene mitteilen. Wir vergewissern uns so, ob wir den sterbenden Menschen auch wirklich richtig verstanden haben, denn es besteht immer die Gefahr, daß wir in unseren eigenen Gedanken, Ängsten und Vorstellungen gefangen sind und dann den anderen in seiner Wirklichkeit nicht richtig wahrnehmen, das heißt, seine Äußerungen mißverstehen oder umdeuten, Wesentliches vielleicht überhört haben.

Durch unser Bemühen, ihn in seiner Gedankenwelt zu verstehen, fühlt er sich nicht mehr so alleine in seiner Situation, mit seinen Fragen, Ängsten und Hoffnungen.

Wenn wir die wahrgenommenen psychischen Stimmungen des Patienten nicht nur anderen Begleitern gegenüber äußern, wie zum Beispiel: „Sie ist heute nicht gut drauf", sondern auch dem Patienten gegenüber sagen: „Sie scheinen heute sehr niedergedrückt und traurig", fühlt er sich nicht nur als kranker Patient, sondern als Person wahrgenommen und ist oftmals ermutigt, über sich, seine Sorgen und Ängste zu sprechen. Ein solches Gespräch kann helfen, Stimmungen zu lösen und eine schwere Zeit besser zu bewältigen.

Manchmal passiert es uns, daß wir wahrnehmen, daß es dem sterbenden Menschen schlecht geht, aber wir scheuen uns, ihn darauf hin anzusprechen, weil wir Angst haben, dem anderen zu nahe zu treten und unsicher sind, was wir damit bei ihm auslösen. Wir haben vielleicht Angst vor den Tränen, Angst vor den Gefühlen, deren Ausbrechen wir dann nicht mehr kontrollieren können. Es mag auch sein, daß wir Angst haben, daß das Weinen des anderen bei uns selbst Tränen auslösen würde. Die Tränen des anderen machen uns hilflos, und wir meinen, wir müßten in irgendeiner bestimmten Weise Abhilfe schaffen.

Wir vertrauen zu wenig, daß es dem sterbenden Menschen oft schon hilft, weinen zu dürfen oder seine Sorgen auszusprechen und darin wahrgenommen zu werden, ohne gleich beschwichtigt zu werden.

Den anderen *wirklich hören* – vielleicht erscheint dies selbstverständlich, doch wie schnell neigen wir dazu, zu trösten, zu beschwichtigen, Angst und Hilflosigkeit zu überspielen. Manche Begleiter haben Vorstellungen vom Prozeß des Sterbens, vom Durchlaufen verschiedener Phasen und vielleicht von einem idealen Sterben. Es kann für die Begleitung hilfreich sein, die Sterbephasen von Dr. Elisabeth Kübler-Ross zu kennen. So kann es uns z. B. helfen, die gegen uns gerichteten Wutgefühle nicht persönlich zu nehmen und uns zu verteidigen, sondern zu verstehen und unser Herz nicht zu verschließen. Wenn wir aber phasenfixiert sind, neigen wir dazu, einzuordnen und *ihn* gar nicht mehr wahrzunehmen in seinem wirklichen Sein.

Die sogenannte Wahrheit am Krankenbett, mit der viele Begleiter größere Schwierigkeiten haben, ist letztlich eine Frage des einfühlenden Hinhörens.

Sich in die Innenwelt des Kranken einzufühlen, hilft uns, nonverbale Zeichen und Symbole zu entschlüsseln. Vor allem sterbende Menschen deuten häufig ihre innere Situation in symbolischer Sprache an. Die Symbole einer Reise, einer Bergtour und die des Wetters sind uns vertraut, andere Bilder erfordern oft mehr Einfühlung.

Als einfühlsamer Begleiter beachten wir auch die Umwelt des sterbenden Menschen. Der sterbende Mensch muß sich von ihr lösen – Angehörige und Freunde müssen von ihm Abschied nehmen. Der Abschied wird oft durch Unerledigtes oder Unausgesprochenes erschwert. Manchmal können wir als Helfer vermitteln.

Das Loslassen fällt den Angehörigen in den letzen Tagen oft schwerer als dem Sterbenden selber. Auch sie brauchen Hilfe und Unterstützung durch unser Anteilnahme und unsere Ermutigung, z.B. die Ermutigung, wenn der Sterbende im Koma liegt, da zu bleiben, ihn vielleicht zu berühren, zu streicheln oder mit ihm zu sprechen, auch wenn er es „scheinbar gar nicht mehr mitbekommt". Manchmal sind Angehörige so betroffen und hilflos, daß sie am liebsten fliehen möchten – aber meistens sind sie sehr dankbar, wenn wir ihnen helfen, Abschied zu nehmen. So berichtet eine junge Mutter, wie wichtig es für sie und ihren Mann war, in der Stille von ihrem kleinen Sohn Abschied zu nehmen: „Die Ärztin stellt das Beatmungsgerät ab – ein ausklingendes Geräusch, dann unvergleichliche Totenstille: Unser Sohn ist eingeschlafen – für immer! Die Ärztin sagt nur leise: ‚Bleiben Sie, solange Sie wollen.' Wir weinen und weinen, sagen: nie mehr. Wir berühren Frank, sehen uns an, greifen einander hilfesuchend nach den Händen. Friedlich und sehr schön liegt unser Kind da. Seine langen Wimpern heben sich dunkel auf dem leichenblassen Gesicht ab. Heiner pustet ihm leicht das Blondhaar aus der Stirn, sagt: ‚Mit den Haaren im Wind, nie wieder werden seine Haare so im Wind fliegen!' Ich ziehe den Beatmungsschlauch aus dem Tubus, löse die Binde, die mehr als zwei Wochen lang den Tubus an der kleinen Nase befestigt hielt. Nun sieht man mehr von dem jetzt ganz entspannten Gesicht. Wir küssen unseren toten Sohn, sagen: ‚Es war schön mit dir'. Weinen wieder. Wir spüren, daß der Kopf schon kühl wird. Wir gehen, er soll so warm, so lieb, so voller Frieden in unserer Erinnerung leben." (Matouschek, L.: Trauer, die nicht enden will. Gütersloh, 1990.)

In der Stunde des Sterbens zeigt sich unser Einfühlen weniger in Worten als im schweigenden und stillen Dabeisein.

Die Einfühlung in das Atmosphärische des Geschehens gelingt uns nur, wenn wir innerlich selbst ruhig sind, das Vor- und Nachher loslassen können und ganz anwesend sind. Vielleicht müssen wir uns des öfteren prüfen, ob wir aus der Pflicht, vielleicht auch aus dem Mitleid heraus handeln, also das Leid des Anderen gar nicht ertragen können, oder aus dem Mitempfinden, aus dem Verstehen und der Liebe zu seinem Menschsein und der Achtung.

Eine Krankenschwester schreibt: „Du mußt mit ihnen irgendwie den Weg in einen Raum hineinfinden, der Liebe, Offenheit oder Gott genannt wird. Oft sitze ich einfach an jemandes Bett. Ich sitze wartend da, bin ganz offen und erfüllt von einer Liebe, die keine Bedingung stellt – offen für dieses Wesen, offen für Gott, der seinem Kind durch mich etwas vorsingt, in der Bereitschaft zu lieben und das Notwendigste zu tun. Ich lausche in meinem Herzen, um zu hören, was Gott in diesem Augenblick flüstert." (Levine, St.: Wer stirbt? Bielefeld, 1992.)

Den anderen annehmen und achten, so wie er ist

Fühlt sich der erkrankte Mensch von uns mit all seinen Möglichkeiten, aber auch mit all seinen Schwierigkeiten angenommen und geachtet, so kann auch er sich leichter in seiner Situation annehmen. Unsere Zuwendung ist dann nicht an Bedingungen geknüpft, sie ist unabhängig davon, welches unmittelbare Gefühl in dem anderen gerade gegenwärtig ist: sei es Verwirrung, Groll, Furcht oder Zorn, Resignation, Mut, Liebe oder Stolz.

Manchmal ist es sehr schwer, diese bedingungslose Zuwendung aufrecht zuerhalten. Zum einen sind wir unseren eigenen Stimmungen unterworfen, wir identifizieren uns vielleicht fälschlicherweise mit den Gefühlen des Kranken, und zum anderen schwanken die Gefühle des Patienten oft heftig und schnell zwischen Kampf und Resignation, zwischen Abschiedsschmerz und Hoffnung, zwischen Ablehnung und dem Bedürfnis nach Annahme, Nähe und Liebe.

Da ist es dann hilfreich, sich bewußt zu machen, daß Gefühle Informationen aus dem inneren sind, wir brauchen sie nicht zu fürchten oder sie gar uns selbst oder dem sterbenden Menschen auszureden.

Wenn wir dem Erkrankten sehr nahe stehen oder selber sehr erschöpft sind, neigen wir leicht dazu, negative Gefühle persönlich zu nehmen. Zum Beispiel beziehen wir dann den gezeigten Zorn auf uns oder wir sehen es als unser Versagen an, daß wir dem anderen nicht helfen können loszulassen, daß sich seine Auflehnung noch nicht in Annahme verwandelt hat.

Manchmal fällt es uns dann schwer, ihm seine, ihm notwendige Zeit zu geben, ihm seine Art des Sterbens zuzugestehen, uns dieser, seiner Art zu öffnen.

Unsere Wertschätzung drückt sich auch in körperlicher Zuwendung und kleinen Gesten aus. Wenn wir krank sind, loslassen und Abschied nehmen müssen, sind wir vielleicht besonders offen für menschliche Nähe und sehnen uns nach der wärmenden Hand eines Mitmenschen.

Nicht immer wünscht sich der sterbende Mensch jedoch körperliche Nähe. Manche Menschen möchten ganz bewußt, ohne ablenkende Berührung, manchmal auch alleine sterben. Deshalb ist es wichtig, daß wir besonders behutsam und einfühlend unsere Nähe anbieten, unsere Hände auch mal ruhen und uns vom Kranken leiten lassen.

Dem anderen gegenüber aufrichtig und echt sein

Gerade der sterbende Mensch nimmt sehr sensibel wahr, ob wir uns hinter einer Maske verstecken oder ob wir uns von seiner Not betroffen machen lassen und uns mit unserem „Sein" auf ihn einlassen.

Das bedeutet zunächst, daß wir uns selbst gegenüber aufrichtig sind. Wir hinterfragen uns und unser Verhalten:

- Was spricht der andere in mir an, daß ich so wütend oder ärgerlich oder hilflos reagiere?

- Was wäre für mich selber wirklich hilfreich?
- Begegne ich dem anderen so, wie ich es mir für mich selbst wünschen würde?
- Möchte der andere Mensch wirklich von mir begleitet werden? Bin ich bereit, Signale in dieser Richtung wahrzunehmen?

Die ehrliche Auseinandersetzung mit unserem eigenen Erleben fließt in die Begegnung mit dem Erkrankten ein. Wir sind bereiter und fähiger, uns auf die existentielle Situation des anderen wirklich einzulassen. Wir können ihm gegenüber in unseren Gefühlen, Gesten und Worten klarer sein. Der Erkrankte weiß dann, woran er mit uns ist, fühlt sich sicherer und vertraut uns. So sagt ein krebskranker Mann: „Das war für mich zeitweise eine große Hilfe, wenn ich sehen konnte: Da ist ein Arzt, und ich kann ihm schweigend vom Gesicht ablesen, daß er jetzt eben mit mir traurig und enttäuscht ist." In einer solchen Beziehung teilen wir als Begleiter dem anderen, falls angebracht, auch unser eigenes Erleben und Empfinden mit. Es ist keine rücksichtslose Offenheit, sondern ein behutsames, sich in die Situation des anderen einfühlendes Aufrichtigsein.

Es mag sein, daß wir als Helfer vielleicht auch unsicher sind, ob wir denn auch Persönliches mit dem sterbenden Menschen teilen sollen – wir haben vielleicht auch Scheu, ihm vom Leben zu erzählen. Und doch habe ich immer wieder erfahren, wie wichtig dies für manche Patienten sein kann. Zum einen mehr von *uns* zu erfahren, zum anderen mehr *vom Leben „draußen"*, denn wir sind ja oftmals eine Brücke zu der Welt draußen.

Es kann auch sein, daß wir uns in der Begegnung schützen und uns nicht zu sehr auf den anderen einlassen wollen, weil wir den Schmerz fürchten, wenn er dann stirbt. Wir fürchten, uns zu sehr mit ihm zu identifizieren, zu viel zu geben und auszubrennen … Woher soll ich denn die Kraft nehmen?

Wir werden dann aber auch nicht mehr in dem Maße von der Begegnung bereichert, denn vielleicht ist gerade im mitgeteilten und geteilten Schmerz die tiefste Begegnung möglich; dort, wo es keine Trennung mehr zwischen Helfer und Patient gibt, dort, wo wir uns nur noch der göttlichen Kraft in der Dunkelheit anvertrauen können.

Es ist nicht leicht, dieses Gleichgewicht zwischen dem Mitempfinden für den anderen und andererseits dem Bedürfnis, sich zu schützen, zu finden.

Wir werden das eine mal mehr auf der einen, das andere mal mehr auf der anderen Seite stehen.

Und doch erfahren wir immer wieder, daß gerade die Suche nach diesem Gleichgewicht ein wichtiger Schritt auf dem Weg zu uns selbst ist.

Sterben und Leben

Immer wieder bin ich in den letzten Jahren gefragt worden, warum ich mir denn diese ‚schwere Aufgabe', Menschen in der Zeit des Sterbens zu begleiten, als Beruf gewählt habe. Ich will versuchen, diese Frage zu beantworten.

Entscheidend hierfür waren zwei wichtige Erfahrungen in meinem Leben:

- Durch eine angeborene Stoffwechselerkrankung mußte ich schon als Kind lernen, mit Krankheit und Behinderung umzugehen – mußte lernen, meinen Körper trotz oder gerade wegen der Erkrankung anzunehmen und zu lieben.
- Durch die Krebserkrankung meiner Mutter mußte ich mich mit meiner Angst vor Sterben und Tod auseinandersetzen. Ich habe erfahren, daß sich die Angst vor dem Tod verringert, wenn ich vor dieser Tatsache unserer Endlichkeit nicht fliehe, sondern mich der Angst öffne, darüber mit anderen spreche und den Sterbenden in dieser Zeit begleite.

Erstaunlicherweise hat sich gerade durch die Auseinandersetzung mit meiner Endlichkeit auch die Angst vor dem Leben vermindert, habe ich zu einer tieferen Freude gefunden – Freude an den sogenannten Kleinigkeiten wie an einem blühenden Baum, an einem Duft, am Wind, an der Sonne, an einem Lächeln …

Der Gedanke an die Begrenztheit meines Lebens hier auf der Erde hilft mir, mich immer wieder für die Kostbarkeit, die Wunder des Lebens zu öffnen.

Sterben und Tod sind für mich so zu einem inneren Schulungsweg geworden, veranlassen mich, mich immer wieder zu fragen: Lebe ich so, daß ich bereit wäre zu sterben?

So ist die Begleitung von Menschen in der Zeit des Sterbens immer wieder Arbeit an mir selbst. Würde ich diese Aufgabe nur machen, um etwas „besonders Gutes“ zu tun oder nur um helfen zu wollen, so würde ich schnell „ausbrennen“, erschöpfen, den Tod als ein Versagen erleben.

Oft bin ich in diesen Jahren an eigene Grenzen gestoßen, mußte Vorstellungen und Meinungen loslassen, eigene Fehler erkennen.

Was habe ich nun in den vergangenen Jahren gelernt?

Rückblickend bin ich meinem Tun gegenüber bescheidener geworden. Als ich meine Arbeit anfing, wollte ich Veränderungen bewirken, wollte Menschen ein besseres Sterben ermöglichen – wollte vielleicht zu aktiv helfen.

So wende ich mich heute dem anderen ruhiger zu, ohne gleich etwas tun zu müssen, ich kann vielmehr dem anderen erst einmal nur im Zuhören begegnen. In dieser Begegnung möchte ich die Kraft und das Vertrauen haben, ganz mit meinen Gedanken bei dem anderen zu sein, ohne Vorstellungen, was gut und richtig für ihn wäre, ich kann mich vorbehaltlos auf ihn, auf sein Schicksal, auf sein Leiden – aber auch auf seine Freuden einlassen.

Das bedeutet für mich auch, mich durch den anderen wirklich berühren zu lassen, nicht mitzuleiden aus meiner Angst vor dem Leid des anderen, sondern mitzuempfinden mit ihm, aus Achtung vor der Größe und Einmaligkeit seines Schicksals, aus Liebe zu seinem Menschsein.

Ich hoffe, daß meine Anteilnahme, mein Mitempfinden Licht in der Dunkelheit seines Leidens und seiner Einsamkeit sein kann – Licht, das ihm hilft, seinen Weg zu finden.

Diese Einstellungen und Erfahrungen bereichern und beschenken auch mich – ich bin dann nicht mehr enttäuscht, wenn der andere Mensch sich nicht nach bestimmten Modellvorstellungen verhält. Ich kann über seine Einzigartigkeit, seinen Reichtum staunen und an den für ihn richtigen Lösungsmöglichkeiten lernen. Damit wächst auch eine tiefe Ehrfurcht vor dem Schicksalsweg des Sterbenden. Immer wieder habe ich erfahren, wie Menschen in der Zeit ihres Sterbens, manche sogar in den letzten Wochen oder Tagen, noch reiften, über sich selbst hinaus wuchsen und die Menschen um sie herum reich beschenkten. Obwohl sie körperlich schwächer wurden, ihr Körper zerfiel, gewannen sie an innerem Reichtum, ja, an innerer Schönheit, wuchsen zu einem ganz anderen heil sein hin.

Obwohl sie für alles auf Hilfe angewiesen waren, nicht mehr aufstehen konnten, also vom „äußeren" Leben ausgeschlossen waren, waren sie im Inneren sehr wach und lebendig – sie strahlten oft eine tiefe Zufriedenheit aus. Mich berührt immer wieder ihre Hingabe an das, was ist, was ihnen als Lebensschicksal, als „Kreuz" auferlegt wurde, und durch diese Hingabe bekamen sie wohl auch die Kraft, ihr Leiden zu tragen.

Von ihnen lerne ich die Freude an den kleineren Wundern des Lebens, die Freude an einer Blüte oder einer Frucht oder zum Beispiel am Wasser. So begleitet mich noch oft das Bild einer Patientin, die ihre Hände und Arme in einer großen Wasserschüssel spielen läßt – genießt wie die Hände schwereloser werden, wie das warme Wasser sie sanft umhüllt und trägt.

Ich habe durch sie erfahren, wie wichtig das Erleben durch die Sinne ist und gelernt, auch für mein Sinnenerleben sensibler und bewußter zu werden – gerade auch dann, wenn die Last der Arbeit mich ganz gefangen nehmen will.

Es ist für mich immer wieder erstaunlich, wie in der Begleitung alle Nebensächlichkeiten unwichtig werden und wir im Gespräch ohne viele Umwege existentielle Fragen berühren, zum Wesentlichen gelangen. Ich erlebe dies alles für mich als ein großes Geschenk, dieses Vertrauen, daß mir von den Betroffenen entgegengebracht wird, wenn sie spüren, daß ich offen bin, mich auf ihre Sorgen und Ängste einzulassen.

Das erfahre ich auch immer wieder im Alltag. Ja, es gab und gibt auch Menschen, die sich eher zurückziehen, wenn sie erfahren, daß ich Menschen in der Zeit des Sterbens begleite. Aber viele Menschen haben ein großes Bedürfnis, über ihre Erfahrungen des Verlustes, der Angst oder auch über ihre Sehnsucht zu sprechen. Es gab sogar immer wieder intensive Begegnungen mit mir eigentlich ganz fremden Menschen, die sich mir durch die Berührung mit dem Thema Tod mitteilen.

So erfahre ich, daß der Tod zwar Menschen äußerlich trennt, innerlich aber näher bringen kann, wenn wir es wagen, darüber zu sprechen.

In den letzten Jahren habe ich auch erfahren, wie schwer und lang der Weg des Sterbens sein kann. Zum einen das Sterben, das Schwächerwerden des Körpers – zum anderen das Sterben unseres „Egos", unseres Wollens und Machens – das Aufgeben von dem, was wir in unserer Kontrolle haben möchten. Manchmal ist dieses Sterben vielleicht viel schwieriger – dieses Loslassen von Vorstellungen: „So muß, so soll es sein" – im großen Lauf des Lebens, aber auch im Kleinen und Alltäglichen. Oftmals belasten diese verfestigten Vorstellungen auch die Beziehung zu den helfenden Personen, die es dann nie „richtig" machen. Gerade für Angehörige ist es dann besonders schwierig, denn häufig werden durch die Belastungen „alte Kindheitserinnerungen oder Beziehungskonflikte" wieder deutlich und stehen zwischen ihnen und ihren Angehörigen. So sagten mir viele Menschen, daß es für sie leichter wäre, einen „fremden" Menschen zu begleiten als die eigenen Eltern, wenn die Beziehung durch Erinnerungen zu belastet war.

Ich erlebe diese Erfahrungen immer wieder als einen Aufruf, eine Mahnung, Schwierigkeiten in Beziehungen rechtzeitig anzusprechen. Es ist mir auch wichtig zu lernen, daß im Alltag nicht alles so geschehen muß, wie ich es will und meine, daß es gut ist.

Ich weiß nicht, ob dieses Lernen mir einmal wirklich helfen wird, im Sterben leichter Abschied zu nehmen, mein Sterben, mein endgültiges Loslösen von der Erde erleichtern wird. Nein, auch das habe ich gelernt: Ich weiß nicht, was in dieser Zeit auf mich zukommen wird, wie ich mich verhalten werde, welche inneren Konflikte auftauchen werden – aber ich weiß, daß es mir hilft, mein Leben jetzt offener und reicher zu leben.

Das führt mich zu einer weiteren wichtigen Erfahrung: Obwohl ich in diesen Jahren häufig dem Sterben und dem Tod begegnet bin – ist meine Ehrfurcht vor dem Geschehen des Sterbens gewachsen. Wir wissen wenig von dem Geheimnis des Weges, den der Sterbende hier noch im Leben und dann im Tod geht. Der Tod wird wohl für mich weiter ein großes Geheimnis bleiben, solange ich hier auf der Erde bin.

Ich möchte diesen Rückblick auf meine Arbeit mit einem Dank abschließen. Danken möchte ich den Menschen, die ich in dieser Zeit begleiten durfte, die mich an ihrem Weg und an ihrem Schmerz teilnehmen ließen. Im Schmerz entsteht vielleicht oftmals die tiefste Begegnung – dort, wo wir betroffen sind, dort wo es keine Trennung zwischen Helfer und Erkranktem gibt, dort wo wir uns nur noch der göttlichen Kraft in der Dunkelheit anvertrauen können. Wagen wir die Verzweiflung, die Dunkelheit zuzulassen – so öffnen wir uns auch für das Einströmen der Kraft, die uns wieder aufrichtet.

Ich möchte vor dem Leid, das das Leben auf dieser Erde auch mit sich bringt nicht fliehen, sondern möchte selber an ihm wachsen, reifen und versuchen, ein „klein wenig" dieser Last mitzutragen.

„Nichts gehört im Schatten der Ewigkeit letztendlich uns selber. Sondern wir alle untereinander gehören einzig Gott ...

Befähigt sind wir, in dem anderen, in unserem Bruder, in unserer Schwester einen Menschen zu sehen, der zwar im Augenblick noch auf der Erde wohnt, doch dessen Stirn bereits den Himmel berührt, in seiner Sprache weht der Wind des Ewigen, in seinen Augen schimmert eine Seele, die berufen ist, zu Gott zurückzukehren". (E. Drewermann)

Anhang

Was sind Hospize?

Der Prozeß des Sterbens ist seit Beginn des Jahrhunderts zunehmend aus der Familie ausgegrenzt worden und in die Verborgenheit der Institutionen verschwunden. So sterben heute, am Ende des Jahrhunderts, nur noch zwanzig Prozent der Menschen zu Hause, während es zu Beginn noch achtzig Prozent waren.

Aber seit ca. 30 Jahren gibt es zunehmend auch eine Gegenbewegung. Führend waren hier Frau Dr. Elisabeth Kübler-Ross, die sich für eine offene Kommunikation mit sterbenden Menschen einsetzte und Dame Cicely Saunders, die als erste einen im Gemeindewesen sichtbaren Ort für Sterbende und ihre Angehörigen schuf. Durch sie entstand 1967 das St. Christopher's Hospiz in London. Von dort breitete sich die Hospiz-Bewegung über die ganze Welt aus. Weltweit gibt es inzwischen über 2000 Hospiz-Dienste, wobei viele ambulante Einrichtungen sind, häufig mit der Möglichkeit einer zusätzlichen stationären Aufnahme.

Hospize waren im Mittelalter Herbergen, die von Mönchen und Nonnen geleitet wurden. Sie nahmen Arme auf, pflegten kranke und sterbende Menschen und gaben Pilgern zum Heiligen Land eine Herberge. Hospize standen also allen offen, die unterwegs und hilflos waren. Hier versuchte man, ihnen Schutz und Geborgenheit, Stärkung und Heilung zu geben.

Diesen Gedanken, dem sterbenden Menschen eine letzte Raststätte zu geben, möchte die Hospizbewegung aufgreifen, wobei hiermit nicht immer ein Haus gemeint ist. Auch wir selber können durch unser Dableiben, durch unser Anwesendsein dem Sterbenden eine letzte Raststätte sein.

Das Ziel der Hospizbewegung ist, Menschen das Sterben zuhause zu ermöglichen und ihnen zu helfen, daß die Zeit des

Sterbens auch eine Zeit des Lebens ist, das heißt ein Leben mit eigenen Wünschen, Bedürfnissen und auch Ängsten.

Die Begleitung konzentriert sich also auf die Frage: Wie können wir dem Sterbenden helfen, in Würde und weitgehend ohne Schmerzen zu *leben*, bis er stirbt.

Es geht hier nicht mehr um heilende, sondern um palliative, also lindernde Medizin.

Hospiz-Dienste berücksichtigen folgende Kriterien: (Student, Ch.: Das Hospiz-Buch. Freiburg, Lambertus, 1989)

Der Sterbende und seine Angehörigen sind gemeinsame Adressaten des Hospiz-Dienstes.

Die Zeit des Sterbens ist nicht nur für den Betroffenen, sondern auch für die Angehörigen eine Zeit der Krise – auch er braucht Begleitung und Zuwendung, vielleicht manchmal noch mehr als der sterbende Mensch.

Unterstützung durch ein interdisziplinär arbeitendes Team.

Denn nur ein Team von Fachleuten (Arzt, Krankenschwester, Sozialarbeiter, Geistlicher, Psychologe, Beschäftigungstherapeut, Krankengymnast) kann den vielfältigen Wünschen und Bedürfnissen der Betroffenen gerecht werden. Die Teammitglieder stützen sich auch gegenseitig, insbesondere in emotionaler Hinsicht.

Einbeziehung Freiwilliger Helfer

Freiwillige Helfer, die sorgfältig ausgesucht und geschult werden, sind fester Bestandteil des Hospiz-Teams. Sie haben eigenständige Aufgaben, je nach ihren Möglichkeiten und Fähigkeiten. Sie entprofessionalisieren die Sterbebegleitung.

Die Freiwilligen Helfer tragen den Gedanken der Hospiz-Bewegung in das Gemeinwesen.

Spezielle Kenntnisse in der Symptomkontrolle

Das Hospiz-Team verfügt über spezielle Kenntnisse und Erfahrungen in der medizinischen und pflegerischen Schmerz- und Symptomkontrolle.

Das Team weiß auch um die soziale, psychische und spirituelle Dimension dieser Symptome.

Kontinuität der Betreuung ist gewährleistet.
Hierzu gehört einmal, daß die Familie sicher sein kann, rund um die Uhr eine kompetente Mitarbeiterin erreichen zu können.

Zum anderen bedeutet es auch, daß die Angehörigen auch in der Zeit nach dem Tod weiter begleitet werden.

Wenn wir uns bemühen, die Lebensqualität sterbender Menschen zu fördern, sie in dieser Zeit medizinisch, pflegerisch, seelisch und geistlich begleiten, so entsteht nicht der Wunsch nach der aktiven Sterbehilfe.

Wenn wir Menschen in ihren Wünschen und Ängsten ernst nehmen und die innere Bereitschaft haben, das Leid mit auszuhalten, so können wir ihnen helfen, die Gefühle der Auflehnung, der Verzweiflung, der Sinnlosigkeit und der Anklage zu durchleben, so daß es ihnen möglich wird, zu einem anderen Verstehen von Krankheit und Sterben zu kommen. Es ist ein schwieriger, aber auch ein wichtiger Weg. Wenn wir also nicht die aktive Sterbehilfe wollen, müssen wir uns für ein würdigeres Sterben einsetzen, so daß Menschen erfahren können, daß auch die Zeit des Sterbens und die Zeit schwerer Erkrankung eine wichtige Lebenszeit sein kann, wichtig sowohl für den sterbenden Menschen, als auch für den Begleiter.

Die Hospiz-Bewegung in Deutschland

Die Hospiz-Bewegung ist in Deutschland zunächst auf großen Widerstand gestoßen. 1978 befragte die Bundesregierung Fachleute auf diesem Gebiet: Kirchen, Wohlfahrtsverbände, Krankenhausgesellschaften und fachkundige Einzelpersonen. Von den Befragten sprachen sich zweiundneunzig Prozent gegen die Einrichtung von Hospizen aus.

Inzwischen hat sich das Tabu um Sterben und Tod durch Fernsehsendungen, Bücher und Vorträge etwas gelöst. In den letzten Jahren haben sich hunderte von Initiativen gebildet, die meist auf ehrenamtlicher Basis sterbende Menschen begleiten (Adressen siehe Anhang).

Der Hospiz-Dienst in Stuttgart

Im Mai gründete sich die Arbeitsgemeinschaft Hospiz-Begleitung Sterbender und ihrer Angehörigen, getragen von der Evangelischen Diakonissenanstalt Stuttgart, der Evangelischen Gesamtkirchengemeinde Stuttgart und der Evangelischen Gesellschaft e.V. Sie hat sich die Aufgabe gestellt, Sterbende und ihre Angehörigen in der letzten Lebenszeit zu begleiten. Im Spätsommer 1987 führten wir in Stuttgart eine Untersuchung durch. Danach wünschen sich fünfundsiebzig Prozent der 1760 befragten Personen zuhause, im vertrauten Lebensraum zu sterben. Zwanzig Prozent gaben an, der Ort sei ihnen gleichgültig, Hauptsache, es seien Menschen da, die sie begleiten könnten. Auf dieses Bedürfnis versucht der Hospiz-Dienst einzugehen.

Vor der schwierigen Aufgabe, den sterbenden Menschen zuhause zu begleiten, fühlen sich deren Angehörige oft überfordert. Sie fühlen sich hilflos und alleine gelassen. Zu der kraftraubenden Pflege und Betreuung der geliebten Person kommen häufig, neben einer Berufstätigkeit, eigene Sorgen und Ängste, wie: „Werde ich es schaffen?" – „Es ist so schmerzlich, den anderen krank und hilflos zu sehen." Hinzu kommt häufig auch die Angst vor dem Augenblick des Sterbens und die Sorge, wie es hinterher weitergehen wird.

Die Zeit des Sterbens ist also meistens sowohl für den sterbenden Menschen als auch für die Angehörigen eine schwere Zeit und große seelische Belastung. Wichtig ist hier, daß sich die Betroffenen nicht alleine gelassen fühlen. Denn nicht selten ziehen sich ja gerade Freunde aus Unsicherheit und Hilflosigkeit zurück. Die Betroffenen haben das Gefühl, in einer anderen Welt zu leben, isoliert, ausgeschlossen vom „normalen" Leben.

Der Hospiz-Dienst möchte sterbenden Menschen und ihren Angehörigen in der Zeit des Sterbens und danach beistehen. Ziel ist die Begleitung des Sterbenden und die Unterstützung der Angehörigen zum Freiwerden ihrer eigenen Kräfte: Hilfe zur Selbsthilfe. Dies wird durch berufliche und Freiwillige Helfer, die geschult werden und fortlaufend Supervision erhalten, ermöglicht. Wichtig ist die Zusammenarbeit mit anderen ambulanten Diensten, wie der Diakonie- und Sozialstation, der Nachbarschaftshilfe, Essen auf Rädern u.ä... Wir bezeichnen dieses Netzwerk als „Ambulantes Hospiz". Jeder von uns kann ein Teil eines Hospizes werden, wir können so bereit werden, den sterbenden Menschen zu begleiten. Und es hat sich gezeigt, daß es inzwischen viele Menschen gibt, die andere auf dieser schwierigen Wegstrecke begleiten möchten.

Gegenwärtig (Herbst 92) sind in Stuttgart zwei hauptamtliche Mitarbeiterinnen für die Organisation, den Einsatz, die Schulung und Supervision der Freiwilligen BegleiterInnen, als auch für die Öffentlichkeitsarbeit und Fortbildung zuständig.

Der Einführungskurs der Freiwilligen BegleiterInnen umfaßt zwei Wochenendseminare und zehn Abende à drei Stunden. Die Themen sind: Auseinandersetzung mit dem eigenen Sterben und Tod, Gesprächsführung, seelsorgerliche Hilfen, Einführung in einfache Pflegehilfen, Schmerz, Begleitung der Angehörigen, Trauer... Wir haben zur Zeit dreiunddreißig Freiwillige MitarbeiterInnen. Durch ihre Mithilfe können sich unsere Hilfen nach den jeweiligen individuellen Bedürfnissen und Nöten der Familien richten, also:

- Anwesendsein beim kranken Menschen, wenn Angehörige und Freunde arbeiten, Besorgungen erledigen oder sich ausruhen, um wieder Kraft zu schöpfen.
- Gespräche mit dem sterbenden Menschen.
- Sitzwachen in der Nacht.
- Mithilfe zur Versorgung des Kranken, wie z.B. Einkaufen.
- Entlastung der Familienangehörigen, z.B. durch Gespräche, damit auch sie ihre Ängste, Sorgen und Belastungen aussprechen können und sich damit nicht alleine gelassen fühlen.
- Zusicherung, jederzeit erreichbar zu sein.
- Hilfe in der Zeit der Trauer.

Der Erstkontakt zu der Familie oder den Angehörigen wird meist während unserer telefonischen Beratungszeit, überwiegend von den Angehörigen oder MitarbeiterInnen der Diakonie- oder Sozialstationen hergestellt. In einem Erstbesuch klären die hauptamtlichen MitarbeiterInnen des Hospiz-Diestes, welche Hilfen die Betroffenen brauchen.

Danach kommt es dann zum Einsatz der Freiwilligen Begleiter/-innen. Die Auswahl der Freiwilligen Begleiter/-innen findet entsprechend den Bedürfnissen der Familien sowie nach verkehrstechnischen Gegebenheiten statt. Grundsätzlich versuchen wir, daß ein Begleiter für eine Familie verantwortlich ist. Müssen wir aber mehrere Tage abdecken, z. B. zwei oder drei ganze Tage in der Woche, so werden mehrere Freiwillige Begleiter/-innen für eine Familie eingesetzt.

An unsere Grenzen stoßen wir oft, wenn ein Patient alleine lebt oder die Angehörigen sehr belastet sind. Ein stationäres Hospiz, in dem der Patient in einer familiären Atmosphäre weiter begleitet wird, wäre hier für alle ein großer Segen. Ziel der Hospiz-Bewegung bleibt aber, das Sterben zu Hause zu ermöglichen.

Ein anderes wichtiges Bemühen der Hospiz-Bewegung ist die Öffentlichkeitsarbeit. Wir möchten Menschen ermutigen, sich mit ihrem und auch mit dem Sterben ihrer Angehörigen auseinanderzusetzen. Dadurch, daß wir unseren Ängsten und unserer Hilflosigkeit frühzeitig offen begegnen, uns damit auseinandersetzen, kann der Tod etwas von seinem Schrecken, der Unfaßbarkeit und Bedrohlichkeit, verlieren. Wir werden dann fähiger, Angehörige und Freunde in der Zeit ihrer schweren Erkrankung und ihres Sterbens zu begleiten, zu pflegen und Krankheit, soweit es möglich ist, gemeinsam zu tragen. Erfahren Menschen in der Zeit des Sterbens Hilfe und Begleitung, so kann die Zeit neben all dem Schmerzlichen auch eine Zeit des seelischen Wachsens sein.

Meine Hoffnung ist folgende: Lernen wir, Sterben und Tod als Realität anzunehmen und wagen wir, unsere Wünsche für unser Sterben zu äußern, so werden Hospize entstehen, in den Krankenhäusern und Altenheimen wird sich vieles verändern und mehr Menschen werden zuhause sterben können.

Hospizadressen

Überregionale Organisationen

Arbeitsgemeinschaft Hospiz der evang. Kirche
Diakonisches Werk
Baden-Württemberg
Heilbronner Str. 180
70191 Stuttgart
07 11/1 65 62 00

Bundesarbeitsgemeinschaft Hospiz
Scheidtstr. 5 a
66123 Saarbrücken-Scheidt
06 81/81 61 51

Deutsche Hospizhilfe e. V.
Reit 25
21244 Buchholz
0 41 84/3 88 55

OMEGA –
Mit dem Sterben leben e. V.
Kasseler Schlagd 19
34346 Hann. Münden
0 55 41/7 11 30 und 53 56

Intern. Gesellschaft für Sterbebegleitung und Lebensbeistand e. V.
Im Rheinblick 16
55411 Bingen
0 67 21/1 03 28

Österreich:
Neuklostergasse 1
A-2700 Wiener Neustadt

Centre de Soins continus
Chemin de la Savonnière 11
CH -1245 Collonge-Bellerive

Hospize und Palliativstationen in Deutschland

Katharinenhospiz am Park
Rühlenstr. 1
24937 Flensburg

Hospiz zum hl. Franziskus
Bochumer Str. 188
45661 Recklinghausen

Hospiz Heimersdorf
Pater-Dionysius-Str. 14
50767 Köln

Altenpflegeheim Haus Hörn
Johann-von-der-Drisch-Weg
52074 Aachen

Elisabeth-Hospiz
Ümmichbach 5
53797 Lohmar-Deesem

Hospiz zur hl. Elisabeth
Pfarrgasse 5
57368 Lennestadt

Hospiz „stella maris"
Bruchgasse 14
53894 Mechernich

Hospiz Luise
Kaiserstr. 21
69115 Heidelberg

Hospiz Sonnenlicht
Ettlinger Str. 39 b
78337 Waldbronn

Haus Maria Frieden
Auf der Hub 1
77784 Oberharmersbach

Palliativstationen in Deutschland

Krankenhaus Spandau
Lynarstr. 12
13585 Berlin

Allg. Krankenhaus Barmbeck
Rübenkamp 148
22307 Hamburg*

Kliniken Dr. Hancken GmbH
Harsefelder Str. 8
21680 Stade*

Med. Hochschule, Anästhesie
Ratzeburger Allee 160
23562 Lübeck*

St. Joseph Hospital
Wiener Str. 1
27568 Bremerhaven*

Ev. Krankenhaus Weende
An der Luther 24
37075 Göttingen-Weende*

St. Elisabeth Krankenhaus
Postfach 20 02 40
45661 Recklinghausen*

Dr. Mildred Scheel Haus
Joseph-Stelzmann-Str. 9
50931 Köln

Kreiskrankenhaus Marienhöhe
Mauerfeldchen 25
52146 Würselen*

Robert-Janker-Klinik
Baumschulallee 12–14
53115 Bonn

Malteserkrankenhaus
Von-Hompesch-Str. 1
53123 Bonn

St. Elisabeth Krankenhaus
Friedrich-Ebert-Str. 59
56564 Neuwied*

St. Michaels Krankenhaus
Kühlweinstr. 103
66333 Völklingen*

Marienhospital
Böheimstr. 37
70199 Stuttgart*

Johannes Hospiz Nymphenburg
Romanstr. 93
80639 München*

*Palliativstationen, die durch den Bundesminister für Gesundheit gefördert werden

Hospize in der Schweiz

Rieveneuve
Clos-du-Moulin
1844 Vielleneuve

Lighthouse
Hebelstr. 90
4056 Basel

Lighthouse
Carmenstr. 42
8032 Zürich

Überregionale Hospizadresse für England

St. Christopher's Hospice
51–59 Lawrie Park road
London SE 26 6DZ

Überregionale Hospizadresse für USA

National hospice Organization
1901 North Moore Street,
Suite 901
VA 22209 Arlington

Diese Liste legt keinen Wert auf Vollständigkeit.

Literaturhinweise

In der folgenden Liste finden Sie einige Bücher, die Ihnen in der Auseinandersetzung mit Sterben und Tod einige Hinweise oder Impulse geben können. Gemeinsam ist diesen Büchern, daß sie aus der Erfahrung der Autoren entstanden sind, also ganz persönliche Hilfen geben.

Duda, D.: Für Dich da sein, wenn Du stirbst. Papyrus, Hamburg, 1986. – Mit ihrem Buch macht uns Deborah Duda Mut, den Wunsch eines Sterbenden nach Heimkehr in einem ganz wörtlichen Sinn zu erfüllen. Sie zeigt uns, daß es möglich ist, neben den Ängsten und der Trauer an der Seite eines Todkranken auch Freude und Schönes zu erleben. Über ganz konkrete Hinweise auf Hilfen für den Umgang mit einem sterbenden Menschen zu Hause gibt das Buch geistige, emotionale und spirituelle Unterstützung.

Beutel, H. u. Tausch, D.: Sterben – eine Zeit des Lebens. Ein Handbuch der Hospizbewegung. Quell Verlag, Stuttgart 1989. – In diesem Buch reflektieren berufliche Helfer als auch Laienhelfer ihre Erfahrungen und geben viele praktische Hinweise, die die Angst vor dem Umgang mit Sterbenden und ihren Angehörigen mindern können. Ein Buch für alle, die sich mit der Endlichkeit ihres Lebens auseinandersetzen.

Filmer, W.: Susanne Fleer: Abschied vom Leben. Gespräche mit einer Sterbenden. Goldmann Taschenbuch, München, 1991. – Mit großer Sensibilität zeigt Werner Filmer in dieser Dokumentation, wie die an Leukämie erkrankte Susanne Fleer im Alter von Anfang Dreißig ihren Abschied vom Leben nahm.

Kast, V.: Trauern. Phasen und Chancen des psychischen Prozesses. Kreuz Verlag, Stuttgart, 1982. – Durch den Tod eines geliebten Menschen werden wir in unserem bisherigen Selbst- und Weltverständnis erschüttert. Die Trauer ist die Emotion, durch die wir Abschied nehmen, Probleme der zerbrochenen Beziehung aufarbeiten und so viel als möglich von der Beziehung und von den Eigenheiten des Partners integrieren können, so daß wir mit einem neuen Selbst- und Weltverständnis weiterzuleben vermögen.

Kübler-Ross, E.: Interviews mit Sterbenden. Kreuz Verlag, Stuttgart, 1971. – Elisabeth Kübler-Ross schildert in diesem Buch die verschiedenen Emotionen der Sterbenden und die erforderlichen Reaktionen der Angehörigen und beruflichen Helfer.

Kübler-Ross, E.: Leben bis wir Abschied nehmen. Gütersloher Verlagshaus Mohn, Gütersloh, 1986. – Dieses Buch schildert durch eindrucksvolle, aber auch einfühlsame Fotos und Texte das Sterben von vier Patienten, darunter eines fünfjährigen Mädchens.

Kübler-Ross, E.: Kind und Tod. Kreuz Verlag, Stuttgart 1984. – Für alle, die ein sterbendes Kind begleiten oder mit dem plötzlichen Tod durch Unfall, Mord oder Selbstmord von Kindern und Jugendlichen konfrontiert werden, ist dieses Buch eine große Hilfe.

Levine, S.: Wer stirbt? Context Verlag, Bielefeld 1991. – Dieses Buch erschließt dem Leser eine ganz neue Dimension der Sterbebegleitung, in der wir alle unsere Vorstellungen und Modelle loslassen und uns für uns und den anderen öffnen. Stephen Levine spricht nicht von Theorien, gibt keine Ratschläge, sondern führt uns die Realität, so wie sie ist, vor Augen. Dadurch fordert er den Leser heraus, sich einzulassen, sich zu öffnen, so daß innere Wandlung geschehen kann. Die Begleitung eines sterbenden Menschen wird so zur Arbeit an uns selbst.

Noll, P.: Diktate über Sterben und Tod. Serie Piper, München 1987. – Peter Noll erfährt, daß er an Blasenkrebs erkrankt ist. Eine vielleicht lebensverlängernde Operation lehnt er ab. Er will sich vielmehr bewußt mit dem Sterben auseinandersetzen. Aber nicht nur vom Sterben und Tod handeln diese Aufzeichnungen, sondern auch, wie schön das Leben sein kann.

Ram Dass, u. Gorman, P.: Wie kann ich helfen. Segen und Prüfungen mitmenschlicher Zuwendung. Sadhana Verlag, Berlin 1988. – Kaum ein Tag vergeht, an dem wir nicht aufgerufen werden, einander zu helfen. Doch innerlich steigen so viele Hindernisse auf, die unsere natürlichen Regungen hemmen: „Werde ich damit fertig?" „Wann habe ich genug gegeben?" „Was hilft denn wirklich?" In diesem Buch erforschen die Autoren einen Pfad, der durch diese Verwirrungen hindurchführt. Es erinnert uns daran, wieviel wir einander zu geben haben und wie das Ausführen solcher Handlungen uns zu einigen der glücklichsten Augenblicke unseres Lebens führen kann.

Ritchie, G. u. Sherrill, E.: Rückkehr von morgen. Larmann, Marburg 1980. – In seinem Buch berichtet George Ritchie von seinem Nah-Tod-Erlebnis, als er 1943 für klinisch tot erklärt wurde. Er kehrte jedoch auf wunderbare Weise ins Leben zurück.

Schiff, H.: Verwaiste Eltern. Kreuz Verlag, Stuttgart. – Hariet Schiff, selbst eine Betroffene, gibt in ihrem Buch Eltern, die mit dem Tod ihres Kindes leben müssen, praktische Hilfe und Trost.

Tausch, A.-M.: Gespräche gegen die Angst. Rowohlt, Reinbek 1981. – Das Buch stellt die Erfahrungen schwer erkrankter Menschen und ihrer Helfer in der Familie, in Krankenhäusern und Arztpraxen durch viele Gesprächsausschnitte und durch persönliche Erfahrungen der Autorin, die selbst an Krebs erkrankte, dar.
Vor allem zeigt es aber auch die vielen Möglichkeiten und Wege eines angstfreieren, hilfreichen Umgangs mit der Erkrankung. Die vielen Beispiele belegen, daß die Erkrankten durch die Auseinandersetzung mit ihrer Situation und durch die Unterstützung anderer lernen können, ihre Erkrankung und die Möglichkeit ihres baldigen Sterbens zu akzeptieren und sich persönlich weiterzuentwickeln.

Tausch, A.-M. u. Tausch, R.: Sanftes Sterben. Was der Tod für das Leben bedeutet. Rowohlt, Reinbek 1985. – Der erste Teil schildert die persönlichen Erfahrungen der Familie Tausch mit der Krebserkrankung, dem Sterben, von Anne-Marie Tausch. Der zweite Teil berichtet von Erfahrungen, die Angehörige und medizinische Helfer bei der Begleitung Sterbender machten. Im dritten Teil des Buches werden die Erfahrungen von Menschen dargestellt, die sich in einer geleiteten Meditation ihr eigenes Sterben vorstellten.

Dank

Danken möchte ich allen Freiwilligen HelferInnen des Hospitz-Dienstes in Stuttgart für ihre Mitarbeit, als auch für ihre Bereitschaft, sich immer wieder auf Menschen einzulasssen, sich tief berühren zu lassen und so sterbende Menschen auf ihrem Weg zu begleiten. Ohne ihren Einsatz gäbe es unseren Dienst nicht, und ohne sie hätte dies Buch nicht entstehen können.

Besonders dankbar bin ich Heidi Josefine Baader, Adelheid Bartle, Lis Bickel, Edda Epple, Senta Gamerdinger, Inger Hermann, Hedda Hölz, Gisela Mestel, Birgit Reimold, Ingrid Reinhard, Ursula Roller und Edith Spichalsky, daß sie bereit waren, ihre Erfahrungen, die sehr persönlich und manchmal schwer in Worte zu fassen waren, an andere Menschen weiterzugeben.

Danken möchte ich auch Beatrice Ledderboge und Isolde Gruber für das Aufschreiben ihrer Erfahrungen beim Abschied eines nahen Angehörigen.

Antje Drescher, aus der Regionalgruppe, „Omega – mit dem Sterben leben“, in Schwerte, möchte ich für ihre Aufzeichnungen danken.

Danken möchte ich auch allen Angehörigen, die einverstanden waren, daß wir die Erfahrungen veröffentlichen und an andere Menschen weiter geben können. Für viele von ihnen war das Lesen schmerzlich, aber auch schön. In den geschriebenen Texten sind sie ihren Erinnerungen an diese Zeit wiederbegegnet und haben in sich Veränderungen wahrnehmen können.

Mein stiller und tiefer Dank geht auch zu all denen, die wir auf ihrem Weg des Sterbens begleiten durften.

Lis Bickel bin ich dankbar für den Austausch und die Unterstützung bei der Zusammenstellung dieses Buches. Die Zeichen am Ende jeder Begleitung stammen von ihr.

Das Honorar für dieses Buch geht als Spende an den Hospiz-Dienst in Stuttgart.

Bücher für eine menschliche Sterbebegleitung

Daniela Tausch-Flammer/Lis Bickel (Hrsg.)
Spiritualität der Sterbebegleitung
Wege und Erfahrungen
Band 4791

Wer offen und achtsam einen Sterbenden begleitet, wird von etwas berührt, was außerhalb der Alltagserfahrung liegt.

Daniela Tausch-Flammer/Lis Bickel
Wenn Kinder nach dem Sterben fragen
Ein Begleitbuch für Kinder, Eltern und Erzieher
Band 4882

Zwei erfahrene Autorinnen zeigen, wie wir Kinder in ihrem Schmerz und ihrer Trauer behutsam begleiten können.

Earl A. Grollmann
Laß deiner Trauer Flügel wachsen
Wenn man von einem lieben Menschen Abschied nehmen muß
Mit einem Beitrag von Liliane Juchli
Band 5021

Einfühlsame Texte, die helfen, Trauer zu wandeln und neue Lebensenergien zu finden.

Monika Müller/Matthias Schnegg
Unwiederbringlich – Vom Sinn der Trauer
Hilfen bei Verlust und Tod
Band 4796

Erfahrene und kompetente Begleiter sprechen hier über einen Lebensabschnitt, der zu oft verdrängt wird. Ihre Erfahrungen sind wirkliche Hilfe zum Leben.

Derek Doyle
Wenn ein naher Mensch im Sterben liegt
Hilfen und Ratschläge
Band 4772

Ob es um das Gespräch miteinander oder den Umgang mit eigenen Gefühlen geht – Doyle bietet wertvolle Orientierungshilfen und alle notwendigen Informationen.

HERDER spektrum